Janine Schmies

Unser KITA-Notfallkonzept

Für **Handlungssicherheit** und Selbstwirksamkeit im Umgang mit **Personalausfall**

AF550815

Verlag an der Ruhr

Titel

Unser Kita-Notfallkonzept

Für Handlungssicherheit und Selbstwirksamkeit im Umgang mit Personalausfall

Autorin

Janine Schmies

Umschlagmotiv

© melitas – shutterstock.com

Illustrationen

Puzzleteile: © melitas – shutterstock.com, sonstige Angaben am Bild

Lektorat

Verena Hafner, TEXTPUNKT, Wehringen

Druck

Heenemann GmbH & Co. KG, Berlin, DE

Verlag an der Ruhr
Mülheim an der Ruhr
www.verlagruhr.de

Geeignet für Erzieher*innen, Kita-Leitungen und pädagogische Fachkräfte

Urheberrechtlicher Hinweis

Das Werk und seine Teile sind urheberrechtlich geschützt. Jede Verwendung in anderen als den gesetzlich zugelassenen Fällen bedarf der vorherigen schriftlichen Einwilligung des Verlages.
Der Verlag untersagt ausdrücklich das Herstellen von digitalen Kopien, das digitale Speichern und Zurverfügungstellen dieser Materialien in Netzwerken (das gilt auch für Intranets von Schulen und sonstigen Bildungseinrichtungen), per E-Mail, Internet oder sonstigen elektronischen Medien außerhalb der gesetzlichen Grenzen. Keine gewerbliche Nutzung.
Näheres zu unseren Lizenzbedingungen können Sie unter **www.verlagruhr.de/lizenzbedingungen/** nachlesen.

Der Anbieter behält sich eine Nutzung der Inhalte für Text und Data Mining im Sinne § 44b UrhG ausdrücklich vor.

QR Code is registered trademark of DENSO WAVE INCORPORATED.

© Verlag an der Ruhr 2024

ISBN 978-3-8346-6512-6

Inhaltsverzeichnis

Vorwort

Als ich vor sechs Jahren Kita-Leiterin wurde, bestand meine erste Amtshandlung darin, ein Notfallkonzept für die Einrichtung zu erstellen. Seit ich in meinem Beruf als Erzieherin tätig bin, und das sind knapp 15 Jahre, ist **Personalausfall ein großer Stressfaktor** in der pädagogischen Arbeit. Der klassische Fall spielte sich meist etwa so ab: Frühmorgens klingelte das Telefon und eine Kollegin meldete sich krank. Im besten Fall fielen nur zwei Mitarbeitende an einem Tag aus. Die Leitung war noch nicht im Haus, nicht ansprechbar oder musste aus dem Urlaub geklingelt werden. Viele **Fragen, Unsicherheiten und Überforderung** machten sich breit: Wie sind nun die nächsten Tage zu strukturieren? Wie können wir die Betreuung der Kinder gewährleisten und unserer Aufsichtspflicht nachkommen? Können wir Unterstützung bekommen? Und muss die Fachberatung hinzugezogen werden? In aller Regel hatte keine der anwesenden Personen einen Plan oder eine Idee dazu.

Das wollte ich als Leiterin in meiner Kita anders gestalten. Ich wollte einen Plan. Eine Struktur, die mir und vor allem meinen Mitarbeitenden **Orientierung und Sicherheit** gibt. Also erstellte ich mein **erstes Notfallkonzept**. Ich schrieb strukturiert auf, was konkret zu tun ist, wenn sich Kolleg*innen[1] arbeitsunfähig melden. Diesen Plan gab ich allen Mitarbeitenden an die Hand, um die einzelnen Schritte dann in einer Teamsitzung zu besprechen. Jede*r konnte diesen Plan ausführen. Die Person, die morgens die Tür der Kita aufschloss und die ersten Arbeitsunfähigkeitsmeldungen annahm, wusste ganz genau, was zu tun ist. Im nächsten Schritt holte ich die **Eltern ins Boot** – mit Erfolg! Denn Schritt für Schritt gelang es uns gemeinsam, uns für Personalausfälle zu rüsten und so eine bessere Situation für alle Beteiligten zu schaffen.

Als ich mich 2021 während meiner Elternzeit mit Social Media auseinandergesetzt und dort über meine persönliche Geschichte berichtet habe, stellte ich fest, dass es sehr vielen Fachkräften ähnlich erging wie mir. Diese **Fachkräfte verzweifelten** nahezu an ihrem pädagogischen Alltag: Allein mit 25 Kindern zu arbeiten, kommt häufiger vor, als wir denken.

2022 startete ich also mit meiner Selbstständigkeit, um Kitas mit meinem Wissen und meinen Erfahrungen zu begleiten. Das Thema „Notfallkonzepte“ war zu diesem Zeitpunkt noch nicht weit verbreitet. Und wenn eine Einrichtung ein Notfallkonzept hatte, war es in der Regel vom Träger vorgegeben – ohne Beachtung der individuellen Bedingungen vor Ort. Mein erstes Seminar „Setz deine Segel“ nahm deshalb die Arbeit an einer **gemeinsamen Haltung** im Team in den Blick – die Voraussetzung dafür, ein gutes Notfallkonzept tragfähig zu machen. In der Praxis gab es oft keine Handlungsweisung, keine Strategie, wie mit personellen Engpässen umgegangen werden kann und muss. Also: Was kann

[1] Der Verlag an der Ruhr legt großen Wert auf eine geschlechtergerechte und inklusive Sprache. Daher nutzen wir neutrale Formulierungen oder das Gendersternchen, um alle Menschen, unabhängig von Geschlecht oder Geschlechtsidentität, einzuschließen.

ich konkret tun, wenn sich morgens fünf Kolleg*innen krankmelden? Worauf muss ich achten? Die Anfragen zu diesem Thema häuften sich und ich habe seitdem über 125 Kita-Teams dabei begleitet, ihr **individuelles Konzept** zu erstellen.

Aus all meinen Erfahrungen aus der Praxis ist nun dieses Buch entstanden – als Unterstützung für dich, dein Team, deine Kita. Mein Herzensthema wird hoffentlich viele Pädagog*innen erreichen und den **Kita-Alltag (zumindest ein bisschen) leichter machen**. In diesem Buch nutze ich das Du als persönlich Anrede, so wie es unter Kolleg*innen meist üblich ist und wie ich es auch in der Begleitung von Kita-Teams handhabe. Alle Beispiele, die du im Folgenden findest, sind angelehnt an die gelebte Kita-Praxis. Namen von Einrichtungen und Einzelpersonen wurden abgeändert. Ähnlichkeiten mit realen Kitas oder Personen sind nicht beabsichtigt.

Ich wünsche dir nun viel Inspiration durch diesen Ratgeber. Ich freue mich, dass du die Rahmenbedingungen in Kitas verändern willst – viel Erfolg!

Janine Schmies

Zusatzmaterialien digital

Als Ergänzung zum Buch hält der kostenlose Zusatzdownload praktisches Material für dich und dein Team bereit. Hier findest du bearbeitbare Kopiervorlagen für die Arbeit am Notfallplan sowie kompakte Zusatzinformationen rund um Personalausfall.

Dein persönlicher Zugang:
Alle im Download enthaltenen Dateien kannst du unter dem folgenden Link abrufen:
https://cloud.verlagruhr.de/lerninhalt/cxVNVUVp5lCy/
Passwort: **Schmies_Notfall_Download**

Wenn du die Materialien auf deinem mobilen Endgerät (Smartphone, Tablet) aufrufen möchtest, scanne den QR-Code und öffne die Dateien.

Zum Aufbau des Buches

In diesem Buch findest du viele praktische Informationen, die deinen pädagogischen Alltag im Umgang mit Personalausfall erleichtern. Du bekommst eine strukturierte Anleitung, wie du ein funktionierendes Notfallkonzept in deiner Kita aufbauen und etablieren kannst.

Vier Bausteine

Die vier Bausteine dienen als Orientierung für die Erarbeitung deines Kita-Notfallkonzeptes. Hier findest du neben Informationen rund um Teamarbeit, Bildungskooperation und das Setzen gesunder Grenzen auch rechtlich relevante Inhalte, die dich darin unterstützen, dein Notfallkonzept auf einem stabilen Fundament aufzubauen. Dieses Kapitel enthält viele Reflexionsfragen für deine Kita-Praxis.

Das 10-Stufen-Modell

Ein vielfach erprobtes Modell gibt dir einen Einblick, wie ein Notfallkonzept inhaltlich strukturiert sein kann. Es hilft dir und deinen Kolleg*innen im Kita-Alltag, ermöglicht aber auch außenstehenden Personen, mehr ins Kita-Geschehen einzutauchen und die Abläufe zu verstehen. Das führt zu mehr Transparenz auf allen Seiten.

Im Sinne des Kindes handeln

Dieses Kapitel bezieht sich darauf, wie du mit deinem Kita-Team mehr Leichtigkeit im Alltag finden kannst, insbesondere dann, wenn der Personalausfall das Arbeiten erschwert. Ein tieferes Verständnis von kindlicher Entwicklung kann den Blick auf das Wesentliche lenken und so den Druck der Angebotspädagogik reduzieren.

Aus der Praxis für die Praxis

Einige Kitas haben bereits nach dem 10-Stufen-Modell ein Notfallkonzept entwickelt und das Modell so für sich angepasst, dass es den Anforderungen des jeweiligen Bundeslandes sowie den vorliegenden Gegebenheiten der individuellen Einrichtung entspricht. Dieses Kapitel hält Impulse und Inspiration für dich bereit, wie vielfältig du dein Notfallkonzept auslegen und gestalten kannst.

Abschluss

Das Buch endet mit ermutigenden Worten für dich und deinen Beruf. Außerdem findest du zum Schluss konkrete Antworten auf häufig gestellte Fragen zum Thema.

1.

Wenn der Notfall zum Alltag wird – eine Einführung

© freeseries – Shutterstock.com

Warum ein Notfallkonzept?

Es ist Montagmorgen, du schließt die Bürotür auf, da klingelt bereits das Telefon. Du spürst ein flaues Gefühl in der Magengegend. Dein Gefühl bestätigt sich: Deine Kollegin Tina hat sich arbeitsunfähig gemeldet. Du notierst es schnell im Mitteilungsbuch und schon klingelt das Telefon wieder. Mark meldet sich auch arbeitsunfähig. Er geht direkt zum Arzt. Deine Gedanken sind bereits bei der Strukturierung der Woche … wie ist das zu schaffen?

Nicht selten sieht der Alltag in Kitas genau so aus: Ein Anruf nach dem anderen geht ein, während Eltern womöglich schon mit ihren Kindern an der Eingangstür stehen und warten. Niemand fühlt sich wirklich verantwortlich oder hat einen **konkreten Plan**, was nun zu tun ist.

Ich lade dich ein, Verantwortung zu übernehmen, indem du einen Handlungsplan erstellst: ein **Kita-Notfallkonzept**. So wissen alle im Team, was im Fall der Fälle zu tun ist, und für Transparenz gegenüber den Eltern ist auch gesorgt!

Klarheit, Struktur und Transparenz

In einem Notfallkonzept legt das Kita-Team gemeinsam fest, wie bei Personalausfall konkret zu handeln ist – und das in Form von Stufen, vom Normalbetrieb bis zur Kita-Schließung. **Zentrale Säulen** eines Notfallkonzeptes sind:

1. **Haltung des Teams:** Welche Werte vertreten wir als Team? Warum ist uns ein Notfallkonzept wichtig? Das Team zieht gemeinsam an einem Strang.
2. **Transparenz der Gesetze:** Welche rechtlichen Vorschriften sind Grundlage unserer Arbeit? Auf dieser Ebene, vor allem in Bezug auf den Kinderschutz, muss gearbeitet werden.
3. **Eltern im Boot:** Was erwarten die Eltern von uns? Gegenseitige Erwartungen sind zu klären, Mitbestimmung soll ermöglicht und Transparenz geschaffen werden.
4. **Stufenplan:** Wie handeln wir im Notfall? Welche Schritte und Maßnahmen sind möglich bzw. nötig? Es gilt, eine Orientierung und Handlungssicherheit für alle Beteiligten zu schaffen.
5. **Rahmenbedingungen:** Welche Rahmenbedingungen wollen wir in unserer Kita schaffen? Ziel ist, die Qualität der pädagogischen Arbeit aufrechtzuerhalten.
   Das Wohl des Kindes steht dabei immer im Fokus.

Kinderschutz als zentrales Ziel

Ein Notfallkonzept zum Umgang mit Personalausfall sollte immer im Kinderschutzkonzept der Einrichtung verankert sein, da es in erster Linie dazu da ist, **Kinder vor potenziellen Gefahren zu schützen**. Darüber hinaus dient es dem Schutz der Fachkräfte und hilft dabei, eine **bewusste Haltung und Vorgehensweise** zu entwickeln und anzuwenden. Im besten Fall holt ein Notfallkonzept alle Beteiligten ab und schafft mehr Verbindung zu den Familien sowie Transparenz für außenstehende Personen, die keinen direkten Einblick in den Kita-Tagesablauf haben, wie z. B. Trägervertretende.

Um ein **Notfallkonzept** zu entwickeln, musst du das Rad nicht neu erfinden! Idealerweise liegt bereits ein funktionierendes **Kinderschutzkonzept** vor, das auf deine Kita angepasst ist und auf das du zurückgreifen kannst. Jede Kita ist dazu verpflichtet, ein Kinderschutzkonzept in der Konzeption verankert zu haben (siehe S. 10). Im besten Fall ist dieses einrichtungsbezogen gestaltet, meistens jedoch von oben (Kommune, Träger, Arbeitskreis) vorgegeben. Dieses Buch liefert einen Leitfaden, um im Team einen **individuellen Fahrplan für Personalausfall** zu entwickeln. Das praxiserprobte 10-Stufen-Modell (siehe Kapitel 3) bietet eine hilfreiche Grundlage dafür.

Was haben wir davon?

Ein Notfallkonzept zum Umgang mit Personalausfall in der Kita ist für alle Beteiligten von Vorteil: Für die Mitarbeitenden bringt es Handlungs-, Arbeits- und Rechtssicherheit mit sich. Die Eltern profitieren von Transparenz und Information. Und vor allen Dingen dient das Konzept natürlich dem Schutz der Kinder!

Kinderschutzkonzepte im Fokus

Nach § 45 SGB VIII muss jede Kita ein **Kinderschutzkonzept** vorlegen, um eine Betriebserlaubnis zu erhalten. Die Medien berichten zunehmend über Gewalt in Kitas, also Gewalt an Kindern durch pädagogisches Fachpersonal. Das hat vielschichtige Gründe. Eine Rolle spielt die **Überforderung der Mitarbeitenden** durch Mehrarbeit, wenn Personal fehlt. Über einen längeren Zeitraum allein in einer Gruppe mit 25 Kindern oder mehr zu arbeiten, ist leider in vielen Kitas Realität. Das führt zur Gefährdung der psychischen Gesundheit der Mitarbeitenden und hat somit direkten Einfluss auf das Kindeswohl.

Personalmangel kann dann zur **Kindeswohlgefährdung** führen, wenn nicht adäquat und professionell darauf reagiert wird. Daher ist meine klare Empfehlung, das Kinderschutzkonzept um ein entsprechendes Notfallkonzept zu erweitern, damit eine **konkrete Handlungsstrategie** für Personalausfall vorliegt.

Bausteine eines Kinderschutzkonzeptes[2]:

- **Leitbild und Konzeption:** Der Schutzauftrag wird ins Konzept aufgenommen.
- **Einstellungsgespräch und Arbeitsvertrag:** Beim Einstellungsgespräch und im Arbeitsvertrag ist der Schutz des Kindes aufgeführt und wird verpflichtend unterschrieben.
- **Gefährdungsanalyse:** Alltägliche Situationen werden mit Blick auf das Kindeswohl betrachtet und geprüft.
- **Verhaltenskodex:** Im Team wird ein Verhaltenskodex erarbeitet und nach außen getragen.
- **Information an die Kinder:** Die Kinder werden alters- und entwicklungsgemäß über ihre Rechte aufgeklärt.
- **Information an die Eltern:** Eltern werden über die Rechte der Kinder informiert.
- **Fortbildungen:** Fachkräfte nehmen regelmäßig an Fortbildungen zum Kinderschutz teil.
- **Beschwerdemöglichkeiten:** Für alle Beteiligten in und außerhalb der Kita gibt es ein angemessenes Beschwerdeverfahren und feste Ansprechpersonen.
- **Notfallplan:** Es liegt ein einrichtungsbezogener Plan dazu vor, wie mit Fehlverhalten umgegangen wird.
- **Kooperation mit anderen Institutionen:** Fachberatungsstellen für Gewaltprävention werden einbezogen.

[2] vgl. Maywald, 2019, S. 108–110

Vorgaben der Bundesländer

In den **Kinderbildungsgesetzen** regelt jedes Bundesland spezifisch die Bestimmungen der Kindertageseinrichtungen. Im Großen und Ganzen werden in allen Bildungsgesetzen ähnliche Inhalte vermittelt. Dennoch gibt es teilweise große **Unterschiede**, z. B. im vorgegebenen **Betreuungsschlüssel**. Durch den Fachkräftemangel ist es nicht selten, dass die Fachkraftstunden weiter heruntergesetzt wurden als ursprünglich vorgegeben. Diese „Rettungsmaßnahme" der Betreuungssituation in den Kitas auf Landesebene ist sehr bedenklich, da sie die Qualität der Arbeit in Kitas stark gefährdet.

In einigen Teilen Deutschlands wird der **Fachkraftschlüssel** durch Weiterqualifizierungsmaßnahmen **aufgestockt**. In NRW haben z. B. Kita-Helfer*innen die Möglichkeit, eine praxisintegrierte Ausbildung zur Kinderpflegerin bzw. zum Kinderpfleger zu absolvieren.[3] Ein Vorteil: Der Quereinstieg wird vereinfacht, die Kita-Helfer*innen sind bereits vor Ort und kennen die Strukturen der Kita. Der Nachteil: Unter dem Strich stehen auf dem Zettel Fachkraftstunden, die nur fiktiv sind, da es um Auszubildende geht, die im besten Fall zwar von erfahrenen Fachkräften angeleitet werden sollten, was in der Realität meistens jedoch aufgrund des Personalmangels leider nicht ausreichend möglich ist.

Im KiQuTG (KiTa-Qualitäts- und Teilhabeverbesserungsgesetz) ist die Weiterentwicklung der **Qualität und Teilhabe** in Kindertageseinrichtungen durch den Bund definiert. Die Länder schließen **eigene Verträge mit dem Bund**, die diese Weiterentwicklung sichern sollen.[4] Dadurch **variiert die Qualität** und insbesondere die Betreuungssituation in den Kitas deutschlandweit sehr. Im Downloadbereich findest du die Links zu den Bildungsgesetzen der einzelnen Bundesländer.

[3] vgl. www.land.nrw/pressemitteilung/weiterqualifizierung-fuer-kita-helfer (letzter Zugriff: 19.01.2024)
[4] vgl. www.bmfsfj.de/resource/blob/133310/80763d0f167ce2687eb79118b8b1e721/gute-kita-bgbl-data.pdf (letzter Zugriff: 19.01.2024)

Bedeutung für die pädagogische Praxis

Bis zum Jahr 2030 werden in deutschen Kitas schätzungsweise mehr als 230.000 Erzieher*innen fehlen.[5] Die Kindertagesbetreuung steht vor **enormen Herausforderungen** – und das nicht erst seit heute, sondern schon seit einigen Jahren. Personelle Ressourcen werden eingespart, Stellen teilweise nicht wieder neu besetzt. Fortbildungen, Planungstage und andere teambildende Maßnahmen finden häufig keinen Platz mehr im Kita-Alltag, obwohl diese Tage essenziell für die gesamte Arbeit wären. Wir werden **kreative Wege** gehen müssen, um Qualität in Kitas aufrechterhalten oder neu erarbeiten zu können.

Zentral für die pädagogische Arbeit ist es deshalb, eine klare **Haltung für bessere Rahmenbedingungen** zu entwickeln und zu bewahren. Diese Haltung sollte die Bedürfnisse der Kinder im Blick haben und zu jeder Zeit sicherstellen, dass das Kindeswohl geschützt wird.

Gleichzeitig sind **erfahrene, gut ausgebildete Fachkräfte** wichtig, um einen qualitativ guten pädagogischen Alltag zu ermöglichen. Wenn Fachkräfte zunehmend ausbrennen, an den aktuellen, krank machenden Rahmenbedingungen scheitern und die Kitas verlassen, wird von Qualität nicht viel übrig bleiben.

Für deine ganz persönliche pädagogische Arbeit bedeutet das, dass du dich strukturieren und zugleich flexibel bleiben solltest – so strukturiert wie nötig, so flexibel wie möglich! Mit einem **Notfallkonzept** bist du gut vorbereitet. Gleichzeitig brauchst du **ausreichend Flexibilität** und Raum für Variationen, denn nicht alles ist planbar.

Der Krise begegnen

Wir befinden uns bereits mitten in einer Kita-Krise. Das macht es unumgänglich, Lösungen für den Personalmangel zu finden. Jede Einrichtung sollte zudem eine Idee, idealerweise ein konkretes Konzept zum Umgang aller Beteiligten damit entwickeln.

[5] https://www.bertelsmann-stiftung.de/de/themen/aktuelle-meldungen/2022/juli/mehr-als-100000-fachkraefte-fehlen-fuer-guten-ganztag-fuer-grundschulkinder-bis-2030 (letzter Zugriff: 20.02.2024)

Quereinstieg und Einarbeitung

In Bayern gibt es beispielsweise die Gesetzesänderung, dass die Kita-Leitung keinen pädagogischen Hintergrund mehr benötigt, um die Leitungsstelle innezuhaben.[6] **Multiprofessionelle Teams** werden in den kommenden Jahren immer mehr gefragt sein. Wichtig ist, dass wir uns hier für die Möglichkeiten öffnen und potenzielle Widerstände in uns hinterfragen.

- Was bedeutet der Einsatz anderer Fachkräfte in meinem Berufszweig für mich?
- Welche Chancen sehe ich, wenn eine andere Fachkraft mich unterstützt?
- Was wünsche ich mir von deren Mitarbeit?
- Woran merke ich, dass die Zusammenarbeit gut funktioniert?
- Bin ich bereit, neue Mitarbeitende zu unterstützen?
- Wenn ja, wie gelingt mir das?
- Wenn nein, welche Widerstände spüre ich? Woher könnten diese kommen?

Von **Widerständen gegen den Quereinstieg** in Kitas ist immer wieder zu lesen, zu hören und auch in den Einrichtungen sind sie zu spüren. Die Angst vor zu wenig Anerkennung und Wertschätzung ist in einigen sozialen Berufen wie auch unter pädagogischen Fachkräften ein Thema. Die pädagogische Arbeit ist wichtig und Fachkräfte haben eine lange Ausbildungszeit (meist ohne Vergütung) absolviert. Rücken dann Quereinsteiger*innen auf den Plan, führt das nicht selten zu einer **Abwehrhaltung**: Kann das jetzt jede Person machen? Ist meine Ausbildung unwichtig geworden? Und nein, nicht jede beliebige Person kann Kita-Fachkraft werden oder eine solche ersetzen. An dieser Stelle sind diejenigen, die in den Kitas arbeiten, in der Verantwortung: Welche neuen Mitarbeitenden werden bei uns eingestellt? Und wie können wir diese zielführend anleiten und begleiten?

Auch wenn das Personal knapp ist, empfiehlt es sich, ein **Einarbeitungskonzept** zu haben und von Anfang an eine gut strukturierte „Anleitung" stattfinden zu lassen. Nur so kann es gelingen, Quereinsteiger*innen bewusst in den Kita-Alltag einzuarbeiten und ihnen die pädagogische Haltung der Einrichtung zu vermitteln, auch wenn Zeit und personelle Ressourcen knapp sind. Wichtig ist, Verantwortung zu übernehmen – das betrifft jede Kita selbst und die Mitarbeitenden vor Ort.

[6] vgl. https://www.stmas.bayern.de/aktuelle-meldungen/pm2308-235.php (letzter Zugriff: 19.01.2024)

Wenn wir neue Fachkräfte einstellen, sind diese **intensiv zu begleiten**. Sie also mit ihren Fragen, Wünschen und auch Befürchtungen immer wieder abzuholen, ist grundlegend. Nur so entstehen Orientierung und Sicherheit. Und dafür müssen Räume geschaffen werden. Meine Empfehlung ist deshalb eine **engmaschige Einarbeitung** – generell, aber ganz besonders in Zeiten von Personalausfällen. Die neuen Fachkräfte sollten nicht „verheizt" werden, was schnell passieren kann, wenn sie orientierungslos versuchen, den Betrieb mit aufrechtzuerhalten.

Im Ankommensprozess neuer Fachkräfte sollte der **Austausch** nicht zu kurz kommen. Durch das Beobachten der Abläufe in den ersten Tagen werden sicherlich Rückfragen bei den neuen Kolleg*innen aufkommen. Dafür braucht es Offenheit seitens der Leitung bzw. der Person, die den Prozess begleitet.

- Bin ich offen für mein Gegenüber?
- Möchte ich mir anhören, was mein Gegenüber zu sagen hat?
- Bin ich bereit, Feedback anzunehmen?
- Bin ich bereit, zu unterstützen?

Chancen wahrnehmen

Neue Perspektiven sind nicht als Angriff zu verstehen, sondern als Möglichkeit, die pädagogische Arbeit weiterzuentwickeln. In einer gemeinsamen Dienstbesprechung können die neuen Impulse aufgegriffen und im Gesamtteam abgestimmt werden.

2.

Vier Bausteine – theoretische Grundlagen eines Notfallkonzeptes

© Alex Blogoodf – Shutterstock.com

Der erste Baustein, um ein Notfallkonzept in deiner Kita zu entwickeln und zu etablieren, ist die Teamarbeit. Es ist keine Seltenheit, dass Träger Konzepte „top-down" vorschlagen. Doch was passiert mit diesen Konzepten? Sie werden nicht wirklich verstanden bzw. gelebt, da die Menschen in den Einrichtungen, die die Konzepte umsetzen sollen, keinerlei Berührungspunkte mit deren Inhalten haben und sich nicht damit identifizieren können. **Individuelle und persönliche Identifikation** sollte also im Vordergrund stehen, wenn es darum geht, die konzeptionelle Arbeit weiterzuentwickeln. Kitas sind unterschiedlich: Die Menschen, die dort arbeiten, ebenso wie die Familien, die die Kita besuchen, bringen soziale, kulturelle und persönliche Unterschiede mit. Ein Konzept lässt sich deshalb nicht auf alle Kitas anwenden. Es braucht eine **Auseinandersetzung mit den Menschen**, die dort täglich ein- und ausgehen.

Gemeinsame Werte

Teamarbeit ist ein wesentlicher Aspekt der pädagogischen Arbeit. Das Team muss das pädagogische Konzept umsetzen und im besten Fall auch hinter den Inhalten stehen und diese mittragen. Denn wenn du dich mit deiner Arbeit **identifizierst**, führt das wahrscheinlich dazu, dass du für deine Arbeit einstehen und einzelne Aspekte des Konzeptes konkret umsetzen kannst. Es macht einen großen Unterschied, ob du mit ganzem Herzen und voller Überzeugung dabei bist oder einfach nur mitläufst und dich auf den Feierabend freust. Das schlägt sich auf die Arbeit, die pädagogische Haltung und die Qualität in Kitas nieder.

Aus diesem Grund empfiehlt es sich, immer erst einmal das Team in den Blick zu nehmen und dort Prozesse anzustoßen, bevor inhaltliche Themen nach außen getragen werden. Das bedeutet: Im ersten Schritt geht es darum, das Team zu festigen, eigene und gemeinsame **Werte** zu finden und auszuarbeiten.

- Was ist mir wichtig?
- Welche Werte habe ich?
- Was ist mir in meiner Arbeit wichtig?
- Was ist uns als Team wichtig?
- Wie setzen wir das in der Praxis um?

Die gemeinsame Reflexion führt zu gegenseitigem Verständnis und Verbundenheit. Dies sind Aspekte von **Prävention und Kommunikation**, um Missverständnissen entgegenzuwirken. Wenn du weißt, wie dein Gegenüber tickt, was ihm wichtig ist, dann hast du die Möglichkeit, ins Verstehen zu kommen – und das schafft wiederum **Sicherheit und Orientierung**.

Regelmäßige Reflexion

Die Grundpfeiler der gemeinsamen Arbeit sind in regelmäßigen Abständen zu überprüfen, da sich nicht nur das Team, sondern auch die Familien und Kinder immer wieder verändern. Jedes neue Kita-Jahr bringt neue Strukturen mit sich. Es empfiehlt sich, **mindestens einmal im Jahr** an einem pädagogischen Planungstag über **Werte, Ressourcen und Ziele** mit deinem Team zu sprechen und die einzelnen Themen gemeinsam auszuarbeiten.

Ressourcen prüfen:

- Welche Stärken bringe ich mit?
- Was gelingt mir gut? Was fällt mir leicht?
- Wie möchte ich mich in den pädagogischen Alltag einbringen?
- Was brauche ich dafür?

Ziele formulieren:

- Welche Themen beschäftigen mich gerade?
- Was beschäftigt meine Kita-Gruppe?
- Welche Themen bringen die Familien mit?
- Welche Ziele wollen wir dieses Jahr erreichen?
- Wie schaffen wir das? Was brauchen wir dazu?
- Bis wann wollen wir unsere Ziele erreichen?
- Woran merken wir, dass wir unsere Ziele erreicht haben?

Konzeptentwicklung im Team

Das Team ist also der erste Baustein deines Notfallkonzeptes. Das Grundgerüst für jedes Konzept wird idealerweise gemeinsam entwickelt. Dein Team kennt den Tagesablauf, die Strukturen des Hauses und die damit verbundenen **Herausforderungen** am besten. Es ist absolut sinnvoll, die Gegebenheiten konkret aufzuführen und in den Austausch miteinander zu treten. Du und dein Team setzt den Rahmen eurer Arbeit, denn ihr wisst am besten, in welchen Fällen von Personalausfall ihr keine Aufsichtspflicht mehr gewährleisten könnt. Das Team sollte eine Haltung zum Notfallkonzept entwickeln können, wirklich dahinterstehen und es umsetzen können, wenn der Fall eintritt, dass Personal fehlt. Das schafft **Handlungssicherheit und -fähigkeit** und hilft dir und deinem Team, selbstbestimmt zu handeln.

Im Umgang mit Personalausfall empfiehlt es sich, eine **gemeinsame Haltung** zu entwickeln. Beginnt erst einmal damit, zu überlegen, mit welchen Herausforderungen ihr als Team konfrontiert seid, wenn Personal ausfällt. Die folgenden Reflexionsfragen können im Team, in einer Teamsitzung oder an einem Planungstag von jedem*jeder einzelnen Mitarbeitenden beantwortet werden. Darüber in den **Austausch** zu treten, ist für die Erstellung eines Notfallkonzeptes sehr wichtig. Hier ergibt sich ein erstes Bild von den besonderen Herausforderungen, für die es Lösungen braucht.

- Wie fühle ich mich, wenn Kolleg*innen ausfallen?
- Was fällt mir dann besonders schwer?
- Welche Befürchtungen habe ich?
- Welche Unterstützung benötige ich in diesem Moment?
- Was würde mir helfen, in dieser Situation gelassener zu bleiben?

Um darüber hinaus zu klären, welchen **konkreten Gewinn** das Notfallkonzept erbringen soll und wie der pädagogische Alltag besser strukturiert und organisiert werden kann, sind folgende Fragestellungen hilfreich:

- Was wird sich konkret verändern, wenn wir ein Notfallkonzept erstellt haben, das ich problemlos anwenden kann?
- Wie kann ich Sicherheit im Umgang mit Personalausfall bekommen?
- Wie kann ich bei Personalausfall handlungsfähig bleiben?

Gemeinsame Wege gehen

Grundsätzlich ist es für die Zusammenarbeit im Team sinnvoll und wichtig, eine gemeinsame Haltung zu entwickeln. Das funktioniert meist nicht von heute auf morgen – es ist ein wachsender Prozess. Teams durchlaufen unterschiedliche Phasen (Forming, Storming, Norming, Performing). Sobald neue Mitarbeitende dazukommen, verändert sich die Teamdynamik. Deshalb ist es ratsam, auf ein **positives Teamklima** hinzuarbeiten und gemeinsam darauf achtzugeben. Das Klima im Team lässt sich durch gemeinsame Aktivitäten unterstützen:

Maßnahmen zum Teambuilding können sein:

- Teambesprechungen außer Haus (z. B. im Café, im Restaurant, beim Spaziergang)
- Grillabend auf dem Kita-Gelände
- Feste für alle Mitarbeitenden
- gemeinsame Fortbildungstage
- regelmäßige Betriebsausflüge

Folgende Fragen kannst du in der Teamsitzung mit den Mitarbeitenden erarbeiten. Der Austausch darüber schafft Verbindung, Orientierung und Sicherheit:

- Was verstehen wir unter einem positiven Teamklima?
- Woran merken wir, dass wir ein positives Teamklima erschaffen haben?

Unterstützendes Miteinander

Die Erfahrungen aus der Praxis zeigen: Ein gutes Teamklima schafft Verbundenheit und Vertrauen und fördert die **Kommunikationsbereitschaft**. Wenn das Team untereinander sehr verbunden ist, ressourcenorientiert arbeitet und den Fokus auf seine wertvolle Arbeit legt, dann ist es möglich, sich gegenseitig zu unterstützen – insbesondere in schwierigen Situationen.

> *Erzieher Felix ist müde. Er wirkt erschlagen und als fühle er sich unwohl. Kollegin Rita spricht ihn an: „Felix, geht's dir nicht gut? Ich habe beobachtet, dass du dich nun schon mehrere Tage hintereinander anders verhältst als sonst. Du lachst auch viel weniger. Ich mache mir Sorgen. Kann ich etwas für dich tun?"*

Wenn es im Team ein **friedvolles, konstruktives Miteinander** gibt, können wir leichter aufeinander zugehen. Rita spricht Felix darauf an, was sie wahrnimmt, und hinterfragt, ob diese Wahrnehmung mit Felix' Realität übereinstimmt. Felix hat die Möglichkeit, zu reagieren. Er kann aussprechen, dass er etwas braucht oder dass es ihm tatsächlich nicht gut geht:

> *„Danke, Rita. Mir geht es tatsächlich nicht gut. Ich komme momentan gar nicht dazu, eine Pause zu machen. Immer kommt etwas dazwischen. Im Moment bleibt außerdem viel liegen, weil meine Gruppenkollegin nicht da ist. Manche Eltern warten schon seit Wochen auf einen Gesprächstermin." – „Okay, ich verstehe", sagt Rita, „was kann ich tun, um dich zu entlasten?"*

Ein achtsames und respektvolles Miteinander ist generell wünschenswert. Wenn Teammitglieder sehen, dass jemand stark über eigene Grenzen hinausgeht, können sie liebevoll darauf hinweisen, dass die Person **an ihre Gesundheit denken** sollte, sich Unterstützung holen oder um ein Gespräch bitten kann oder muss.

- Wie sprechen wir miteinander?
- Wie wollen wir im Team mit Menschen umgehen, die stark über eigene Grenzen hinausgehen?
- Wie sprechen wir unser Gegenüber an, wenn wir das wahrnehmen?
- Wie können wir unterstützende Maßnahmen treffen?
- Was brauchen wir, um uns gegenseitig zu unterstützen?

Zusammenhalt fördern

Investiere viel Zeit ins Team und ermögliche einen regelmäßigen Austausch sowie gemeinsame Erlebnisse. Denn ein starker Zusammenhalt im Team fördert auch die gegenseitige Unterstützung in herausfordernden Situationen.

Arbeitsunfähigkeit melden

Eine wichtige Frage, die unbedingt im Team zu klären ist, lautet: Wie gehen wir mit Arbeitsunfähigkeitsmeldungen um? Allein der Begriff **„Krankmeldungen"** führt oft schon zu Unmut. Schnell liegt der Fokus darauf, woran jemand erkrankt ist oder wie oft sich jemand in diesem Monat oder Jahr bereits krankgemeldet hat. Deshalb hier eine

Ermutigung dazu, dieses Wort komplett aus dem Sprachgebrauch zu streichen. Wie wäre es, stattdessen von **Arbeitsunfähigkeit** zu sprechen? Es gibt immer einen guten Grund, warum jemand nicht zur Arbeit erscheint. Manchmal ist gar keine Krankheit dafür verantwortlich. Darüber zu spekulieren, frisst unnötig Energie und lenkt den Blick weg von der pädagogischen Arbeit.

Bahne in deinem Team also ein Gespräch darüber an, auf welchem Weg sich Mitarbeitende arbeitsunfähig melden. Welche Möglichkeiten gibt es bisher?

- Telefon
- Anrufbeantworter
- E-Mail
- WhatsApp
- Kita-App

Es gibt **keine allgemeingültige Vorgehensweise**. Was sinnvoll ist, hängt von verschiedenen Faktoren ab – je nachdem, was gemeinsam im Team getragen werden kann und/oder im Arbeitsvertrag, in der Dienstanweisung oder dem Datenschutzblatt vorgeschrieben ist. Eine Methode soll hier dennoch hervorgehoben werden: die **Meldung per Anrufbeantworter**. Je nachdem, wie viele Mitarbeitende sich an einem Tag arbeitsunfähig melden, kann es vorkommen, dass morgens um 7 Uhr das **Telefon dauerbesetzt** ist. Die Person, die anruft, kommt nicht durch. Das ist ärgerlich und kostet nicht nur unnötig Zeit, sondern auch zusätzliche Energie.

Aus der Praxis gibt es positive Rückmeldungen zu dieser Methode. Mitarbeitende, die bereits abends feststellen, dass sie ihre Arbeit am nächsten Tag nicht antreten können, können problemlos auf den Anrufbeantworter der Kita sprechen. Der Frühdienst hört diesen morgens ab und kann sich bereits ein umfassendes Bild von der aktuellen personellen Lage verschaffen. Das führt wiederum zu Planungssicherheit.

- Auf welchem Weg melden wir uns arbeitsunfähig?
- Bis wann muss die Meldung vorliegen?
- Welche Informationen benötigen wir dafür?
- Bis wann melden wir uns zurück bzw. gesund?

Vertretung von Früh- und Spätdiensten

Eine weitere Herausforderung im Kita-Alltag ist die Einteilung von **Früh- und Spätdiensten**, wenn Personal ausfällt. Bis ein sinnvolles System gefunden wird, muss zunächst ausprobiert werden, welche Herangehensweise für die Kita passend ist. Es gibt unterschiedliche Möglichkeiten, Teams zu strukturieren:

- Feste Mitarbeitende vertreten sich gegenseitig:
  Fällt eine Person aus, springt die andere nach Möglichkeit für sie ein und übernimmt den ausfallenden Dienst.
- Gruppen vertreten sich gegenseitig:
  Die blaue Gruppe vertritt die gelbe Gruppe
  - zu Pausen,
  - zur Vorbereitungszeit,
  - in Randzeiten,
  - wenn jemand aus der Gruppe ausfällt,
  - in Bring- und Abholzeiten,
  - beim An- und Ausziehen der Kinder.

Eine **feste Struktur** ist besonders bei Urlaub und Fortbildungen eine gute Möglichkeit, Kolleg*innen zu unterstützen. Genauso gut kann es ein, **spontan und kurzfristig** zu entscheiden – das kommt ganz auf das Team, die Größe der Kita, die aktuellen Gegebenheiten und die Strukturen des Hauses insgesamt an.

Eine Abbildung aller Dienste, z. B. an einer Tafel im Personalraum, kann sinnvoll sein, um den Überblick zu behalten.

Rechte und Pflichten

Ein weiterer Baustein für dein Notfallkonzept sind Rechte und Pflichten. Ihre Rechte und Pflichten sollten Fachkräften bekannt sein. Wenn wir wissen, wo wir sie nachlesen können, ist das schon ein guter Anfang. Wenn wir auch wissen, worum es konkret geht, ist es noch besser! Nicht nur die Kita-Leitung muss unbedingt die rechtliche Lage kennen, sondern auch Mitarbeitende sollten hier einen Einblick haben, denn: Die Rechte sind der Rahmen, in dem wir uns bewegen können und müssen. Rechte und Pflichten umzusetzen, ist ein Teil von **Selbstschutz**. Sich damit auseinanderzusetzen, ist eine **präventive Maßnahme**, um eine Gefährdung von Kindern und Mitarbeitenden zu vermeiden, die nicht selten durch überlastete Fachkräfte entsteht.

Das vorliegende Buch bezieht sich auf die **Bundesgesetze**. Diese können dir helfen, Klarheit zu gewinnen und Transparenz für außenstehende Personen zu schaffen. Beschäftige dich unbedingt mit diesen Gesetzen und versuche, sie zu verstehen, um gute Argumente für eine gute und tragfähige Kindertagesbetreuung zu gewährleisten und schließlich auch Grenzen des Systems aufzeigen zu können. Die wichtigsten Paragrafen habe ich dir in dieser Liste zusammengestellt. Sie definieren das Kindeswohl und heben hervor, was zu beachten ist, wenn Personal ausfällt:

Wichtige Paragrafen im Überblick:

- § 22 SGB VIII – Bildungsauftrag
- § 1631 Abs. 1, 2 BGB – Personensorge
- § 832 BGB – Aufsichtspflicht
- § 1 SGB VIII Abs. 1 – Recht auf Förderung und Erziehung
- § 8a, b SBG VIII – Kindeswohl
- § 9 SGB VIII – Grundrichtung, Gleichberechtigung
- § 47 SGB VIII – Dokumentations- und Meldepflicht
- § 45 SGB VIII – Betriebserlaubnis
- § 79a SGB VIII – Qualitätsentwicklung
- § 618 BGB – Fürsorgepflicht des Arbeitgebers
- § 16 ArbSchG – Arbeitsschutzmaßnahmen/Gefährdungsanzeige
- § 4 ArbZG – Pausenzeiten
- § 5 ArbZG – Ruhezeiten

§ 22 SGB VIII – Bildungsauftrag

In der Kindertagesbetreuung steht der sogenannte Bildungsauftrag im Fokus. Tageseinrichtungen sind Einrichtungen für Kinder, in denen sie sich mehrere Stunden am Tag aufhalten. Hier sollen sie in ihrer Persönlichkeit und Entwicklung gefördert werden und zu **selbstbestimmten und gemeinschaftsfähigen Menschen** heranwachsen. Tageseinrichtungen sind als Unterstützung und ergänzendes Angebot des familiären Systems in den Bereichen Bildung und Erziehung zu verstehen. Sie sollen die Vereinbarkeit von Familie und Beruf ermöglichen sowie weitere beratende und fördernde Maßnahmen anbieten, um die Familien zu begleiten. Dies beinhaltet die **Zusammenarbeit mit den Eltern** und Sorgeberechtigten. Insbesondere **Erziehung, Bildung und Betreuung** stehen im Fokus des Förderauftrags. Das bedeutet, die individuelle Entwicklung jedes Kindes steht im Vordergrund. Es gilt, geeignete Maßnahmen zu treffen, um die **Qualität der Förderung** zu gewährleisten.

Was bedeutet das nun in der **Konsequenz für Personalausfall** in der Kita und euren Umgang als Team damit? Wie gut sind all diese Punkte umzusetzen, wenn das Personal so knapp ist, dass die Kolleg*innen nicht einmal die Gelegenheit haben, auf die Toilette zu gehen? Wie ist es möglich, Kinder unter solchen Bedingungen, ihren individuellen Bedürfnissen und ihrer Entwicklung entsprechend, zu begleiten?

- Die Kinder sollen selbstbestimmt, eigenverantwortlich und gemeinschaftsfähig handeln können – wie können wir sie dazu befähigen?
- Die soziale, emotionale, körperliche und geistige Entwicklung ist dabei zu beachten – was bedeutet das für unsere Praxis?
- Das Alter und der Entwicklungsstand des Kindes spielen eine wesentliche Rolle – was müssen wir entsprechend beachten?
- Sprachliche Fähigkeiten, Interessen und Bedürfnisse sollen berücksichtigt werden – wie gelingt uns das in Zeiten von Personalmangel?
- Um die Qualität der Förderung zu gewährleisten, braucht es geeignete Maßnahmen – woran erkennen wir, dass wir Qualität gewährleisten können?

§ 1631 Abs. 1, 2 BGB – Personensorge

Durch den Betreuungsvertrag, den die Eltern unterschreiben, und deinen Arbeitsvertrag überträgt sich die **Personensorge** auf dich, wenn das Kind an dich übergeben wurde. Laut Gesetz haben Kinder ein Recht auf eine **gewaltfreie Erziehung** ohne körperliche Bestrafung und seelische Verletzung. Wie ist das zu gewährleisten, wenn eine potenzielle Gefährdung durch Personalmangel vorliegt? An dieser Stelle möchte ich darauf hinweisen, wie wichtig es ist, Eltern über die personellen Ressourcen zu informieren. Mehr dazu erfährst du im Abschnitt *Bildungskooperation* (S. 31–39).

Es lohnt sich immer, einen Blick in die **UN-Kinderrechtskonvention** zu werfen. Dort finden sich viele Artikel, die darauf aufmerksam machen, dass es schwierig ist, eine „artgerechte" Betreuung zu ermöglichen, wenn nicht ausreichend Personal vorhanden ist. Insbesondere geht es um den Schutzauftrag der Kinder, den du als Fachkraft, den ihr als Kita und den wir alle als Erwachsene nicht vernachlässigen dürfen.

§ 47 SGB VIII – Dokumentations- und Meldepflicht

Noch nicht alle Kita-Leitungen kennen die Dokumentations- und Meldepflicht nach § 47 SGB VIII. Dieser Paragraf ist sehr wichtig, wenn es darum geht, **personelle Engpässe** anzuzeigen. Dein Träger ist in der Pflicht, das Landesjugendamt darüber zu informieren, wenn sich die Gegebenheiten in deiner Kita verändern und zu einer Beeinträchtigung, Schädigung oder Gefährdung führen können. Der Träger deiner Kita hat dem Landesjugendamt unverzüglich anzuzeigen, wenn durch bestimmte Vorkommnisse das Wohl der Kinder gefährdet ist. Das beinhaltet auch einen möglichen Personalmangel. Mittlerweile gibt es auf den Internetseiten vieler Landesjugendämter Vordrucke für eine Meldung.

Meldung beim Landesjugendamt

Der Paragraf zur Dokumentations- und Meldepflicht kann eine Unterstützung in einer unzumutbaren und anhaltenden Situation in deiner Kita darstellen. Wird dein Träger nicht tätig, ist es empfehlenswert, nach sorgfältiger Dokumentation eine Meldung nach § 47 SGB VIII anzustreben. Natürlich ist es angenehmer, dies gemeinsam mit dem Träger abzusprechen und die Verantwortung an diesen abzugeben. Sollte sich jedoch nichts ändern – und das ist leider keine Seltenheit –, dann kannst du jederzeit eine Meldung über die Internetseite des zuständigen Landesjugendamts verfassen. Häufig ist dort schon ein Reiter „Personalausfall" zu finden.

§ 618 BGB – Fürsorgepflicht des Arbeitgebers

Der Träger deiner Einrichtung hat dir und all seinen Mitarbeitenden gegenüber eine Fürsorgepflicht. Er hat also dafür zu sorgen, dass die **Arbeitsbedingungen** gut sind und ihr **keinen Gefährdungen** ausgesetzt seid. Ist das nicht der Fall, solltest du dir Unterstützung suchen. Du hast die Möglichkeit, dich an eine Mitarbeitervertretung bzw. einen Betriebsrat zu wenden, oder du stellst eine Gefährdungsanzeige nach § 16 ArbSchG. Dein Arbeitgeber ist daraufhin verpflichtet, zu handeln.

§ 16 ArbSchG – Arbeitsschutzmaßnahmen/Gefährdungsanzeige

Eine Gefährdung deiner Gesundheit und Sicherheit kannst du nach § 16 ArbSchG bei deinem Arbeitgeber anzeigen. Ich möchte dich ermutigen, dies zu tun, falls Gespräche mit Vorgesetzten zu keiner Veränderung führen. Eine Kopiervorlage dazu findest du im Downloadbereich. Wenn du oder andere einer **potenziellen Gefährdung** oder Schädigung ausgesetzt sind, Sicherheit oder Gesundheit gefährdet sind (dazu zählt auch die **Vernachlässigung der Aufsichtspflicht**), ist es wichtig, die Verantwortung an die nächsthöhere Stelle (z. B. Leitung, Trägervertretung) abzugeben.

Eine Gefährdungsanzeige beinhaltet[7]:

- Datum
- Name der anzeigenden Person
- Name der Einrichtung
- konkrete Beschreibung der Situation, in der die Gefährdung wahrgenommen wurde

Mache dir immer eine Kopie deines Schreibens, falls das Original nicht bei deinem Träger ankommen sollte oder keine Veränderung in Gang gebracht wird, um die angezeigte Gefährdung zu vermeiden. Dokumentiere alles für dich. Sollte es dazu kommen, dass eine vorliegende Anzeige überprüft wird, bist du unter Umständen in der Beweispflicht. Dann ist es sehr hilfreich, eine eigene Dokumentation vorlegen zu können.

[8] vgl. https://www.kindergartenpaedagogik.de/fachartikel/recht/22 (letzter Zugriff: 19.01.2024)

§ 832 BGB – Aufsichtspflicht

Auch das Thema „Aufsichtspflicht" führt oft zu Verunsicherungen. Im Gesetz steht, dass diejenigen, die minderjährige Kinder beaufsichtigen, zu **Schadensersatzansprüchen** verpflichtet werden, wenn eines der Kinder einem Dritten widerrechtlich Schaden zufügt. Dies ist nicht der Fall, wenn der Schaden auch trotz ausreichender Aufsichtsführung hätte entstehen können (§ 832 Abs. 1 BGB). Durch deinen Arbeitsvertrag überträgt sich die Aufsichtspflicht auf dich (§ 832 Abs. 2 BGB).

Verschiedene Paragrafen sind bezüglich der Aufsichtspflicht relevant. Wichtig ist: Je jünger das Kind ist, desto mehr Aufsicht benötigt es. Kinder unter drei Jahren brauchen mehr Begleitung als ältere Kinder. Und auch das ist individuell nach der Entwicklung des einzelnen Kindes abzuschätzen. Grundsätzlich ist die Aufsichtsführung also nicht pauschal zu erläutern. Die räumlichen Gegebenheiten, personellen Ressourcen, Strukturen des Hauses und die Konzeption (offen, teiloffen oder geschlossen) spielen eine enorme Rolle bei der Beurteilung. Deshalb solltet ihr als Team eine **Gefährdungsbeurteilung** für eure zuständige Unfallkasse vorliegen haben. Diese ist mit dem Gesamtteam zu besprechen. In der Praxis gibt es unterschiedliche Verfahrensweisen: Manchmal ist es die Leitung, die die Beurteilung einmal jährlich überprüft, manchmal die sicherheitsbeauftragte Person.

Informationspflicht in der Aufsichtsführung[8]

- Als Aufsichtsführende*r solltest du Kenntnisse über die Fähigkeiten und Fertigkeiten, den Entwicklungsstand der Kinder sowie mögliche Erkrankungen haben oder dir entsprechend Informationen dazu einholen.
- Die örtlichen Gegebenheiten und Schutzbestimmungen müssen dir bekannt sein, damit du auf Gefahren hinweisen kannst.
- Verhaltensregeln sollten mit den Kindern gemeinsam besprochen werden. Außerdem ist sicherzustellen, dass sie diese auch verstanden haben.
- Du musst dich vergewissern, dass die Kinder die gemeinsamen Absprachen verstanden haben und diese einhalten können.
- Bleibe unbedingt in der Nähe der Kinder, um ihnen Hilfestellung anbieten und in die Situation eingreifen zu können.

[9] vgl. https://kitarechtler.de/2021/10/01/101kitafragen-was-hat-der-betreuungsschluessel-mit-der-aufsichtspflicht-zu-tun/ (letzter Zugriff: 19.01.2024)

Der **Betreuungsschlüssel** ist leider nur eine Tendenz, die nicht pauschal vorgibt, wie viele pädagogische Kräfte vorhanden sein müssen, um die Aufsicht für eine bestimmte Anzahl von Kindern zu gewährleisten. Für Fehlzeiten wird kein Personalersatz einkalkuliert, sodass Urlaubszeiten, Arbeitsunfähigkeiten oder Fortbildungstage in der Praxis oft ein Grund dafür sind, dass Fachkräfte in den Gruppen teilweise allein arbeiten.[9]

Es ist dringend notwendig, im Team eine **Haltung und Werte festzulegen**, die dagegenwirken: Mit wie viel Personal können wir arbeiten und die Aufsichtspflicht **sicher** gewährleisten? Ab wann ist diese Grenze unterschritten? Und wie verhalten wir uns dann? Es ist nicht in Ordnung, wenn eine Fachkraft in der Gruppe mit 17 bis 25 Kindern oder mehr allein gelassen wird. Das ist sicherlich einer der Gründe, warum wir uns in einer Kita-Krise befinden. Personal lässt sich nicht halten, wenn die Rahmenbedingungen schlecht sind. Darauf zu achten, nicht allein zu arbeiten, ist ein wichtiger Schritt, um die pädagogische Arbeit attraktiver zu gestalten.

Haltung zeigen

Um die Rahmenbedingungen zu verändern, müssen wir eine klare Haltung auch nach außen repräsentieren und uns im Sinne des Kindeswohles für die pädagogischen Werte des Teams stark machen. Ein offenes Gespräch mit Trägervertretenden kann helfen. Wenn das nichts bringt, gibt es gesetzliche Mittel, um die Arbeitssituation zu entlasten (z. B. Gefährdungsbeurteilung, Meldung nach § 47 SGB VIII).

Ein weiterer wichtiger Aspekt bezüglich der Aufsichtspflicht ist die **Gefährdungsbeurteilung**, die durch die Unfallkassen der Länder zur Verfügung gestellt wird. In jeder Kita sollte eine Gefährdungsbeurteilung vorliegen. Wenn ein Unfall passiert, kann eine entsprechende Beurteilung sicherstellen, dass der Unfall gegebenenfalls auch trotz korrekter Aufsichtsführung hätte passieren können. In der Umsetzung bedeutet das: Du und dein Kita-Team, ihr überprüft alles, was in der Kita bespielt und an Aktivitäten vorgenommen werden kann: Welche Gefährdung könnte durch die Handhabung entstehen? Wie ist eine Gefährdung zu verhindern? Zum Beispiel:

- Flurbereich: Autos, Verkleidungsecke, Rennen etc.
- Kreativtisch: Scheren, Kleber, Stifte etc.
- Turnraum: Klettergerüst, Trampolin, Bälle etc.
- Schlafraum: Decken, Betten, Temperaturregelung etc.
- Essbereich: Besteck, Essen, Getränke, Abräumen der Tische etc.

[9] vgl. https://kitarechtler.de/2021/10/01/101kitafragen-was-hat-der-betreuungsschluessel-mit-der-aufsichtspflicht-zu-tun/ (letzter Zugriff: 19.01.2024)

Auch der Gruppenraum an sich wird beurteilt:

- Wie groß ist der Raum?
- Welche Materialien gibt es?
- Gibt es ein Telefon?
- Ist in der Nachbargruppe jemand in Hörweite?
- Ist ein Erste-Hilfe-Kasten installiert?
- Wie können sich Mitarbeitende Unterstützung anfordern?

Es geht nicht darum, die Scheren nun in den Schrank zu packen. Vor allem geht es um die **Bewusstmachung** und individuelle Beurteilung möglicher Gefahren. Ihr als Team kennt eure Gegebenheiten, eure Kinder, eure personellen Ressourcen. Danach wird entschieden, wofür ihr die Verantwortung übernehmen könnt. Die Einschätzungen und Befindlichkeiten können von Person zu Person verschieden sein:

> *Rita sieht es vielleicht nicht gern, wenn die Kinder auf dem Klettergerüst bis ganz nach oben klettern. Amir findet das okay und kann es gut aushalten.*

In Bezug auf Personalausfall ist es natürlich wichtig, die einzelnen Aspekte besonders zu begutachten und, wenn nötig, Veränderungen vorzunehmen und in das Notfallkonzept aufzunehmen. Ein Beispiel für eine **Gefährdungsbeurteilung bei Personalausfall** kann sein, dass das Spielen in den einzelnen Bereichen nur unter bestimmten Voraussetzungen gestattet ist:

- Flurbereich:
  - ➡ Autos stehen nicht zur Verfügung.
- Turnraum:
  - ➡ Das Klettergerüst ist nicht zugänglich.
  - ➡ Das Trampolin ist weggeräumt.
  - ➡ Sonstige Gefahrenquellen sind entfernt.
- Kreativbereich:
  - ➡ Scheren und Co. sind im Schrank und können nur auf Anfrage der Kinder herausgegeben werden.

> *Die Kollegin Rita arbeitet kurzfristig allein in der Gruppe. Sie hat 16 Kinder im Alter von drei Jahren bis zum Schuleintritt zu betreuen. Caro, ihre Kollegin, ist nach Hause gegangen, weil sie sich nicht wohlfühlte. Rita versucht nun, den Überblick zu behalten, und arrangiert einen spontanen Spielkreis für die Kinder. Anschließend plant Rita, mit den Kindern in den Garten zu gehen. Als es so weit ist, schickt sie die größeren Kinder schon einmal in die Garderobe. Mira muss auf die Toilette. Nino braucht eine frische Windel.*

- Wie kann die Kollegin in dieser Situation Unterstützung erhalten?
- Welche Möglichkeiten gibt es, Entlastung zu schaffen?
- Welche Möglichkeiten gibt es, Unterstützung anzufordern?

Eine Möglichkeit ist es, für kurze Zeit eine Fachkraft aus einer anderen Gruppe anzufordern. Kinder, die bereits angezogen sind, können eventuell schon in den Garten gelassen werden. Vielleicht ist schon eine andere Gruppe draußen, die weitere Kinder auffangen kann. Eine Mitarbeitende kann Rita beim Anziehen der Kinder helfen. Würde allerdings in jeder Gruppe des Hauses eine Fachkraft fehlen, wäre der Betrieb bereits einzuschränken und Rita könnte keine Unterstützung anfordern.

§§ 4 und 5 ArbZG – Pausen- und Ruhezeiten

Wenn Personal fehlt, werden **Pausen** oft nicht gemacht oder stark nach hinten verschoben. Das ist rechtlich nicht zulässig! Wenn du mindestens 6,5 Stunden am Tag arbeitest, musst du laut Arbeitsschutzgesetz nach 6 Stunden eine Pause von mindestens 30 Minuten einlegen. Verlängert sich deine Arbeitszeit auf mehr als 9 Stunden, dann verlängert sich deine Pause um 15 Minuten. Genauso wichtig ist es, nach einem Arbeitstag die **Ruhezeit** von mindestens 11 Stunden zu beachten. Wenn also ein Elternabend um 21 Uhr endet, können die Mitarbeitenden, die anwesend waren, am nächsten Tag erst um 8 Uhr ihren Dienst beginnen. Ein Blick in den Vertrag lohnt sich, um sicherzustellen, dass arbeitsrechtlich kein Verstoß diesbezüglich vorliegt. Sollte nach nicht eingehaltener Ruhezeit ein Unfall passieren, kann darauf zurückverwiesen und somit ein Verstoß festgestellt werden.[10]

Pausen sind notwendig. Darauf zu achten, fällt unter die **Fürsorgepflicht des Arbeitgebers**. Falls in deiner Kita Pausen nicht stattfinden können, gilt es, den Austausch zu suchen und im Team Lösungen zu finden.

- Wie können wir unsere Pausenzeiten strukturieren?
- Welche Möglichkeiten haben wir, rechtzeitig Pause zu machen?
- Wie können wir eine Verlässlichkeit schaffen?
- Ist es uns möglich, Pausen kurzfristig abzusprechen?
- Sind alle damit einverstanden?

[10] https://kitarechtler.de/2021/09/02/101kitafragen-dauer-des-elternabends-wenn-um-7-uhr-wieder-dienst/ (letzter Zugriff: 19.01.2024)

Einer der größten Fehler in der Praxis ist, die Eltern und Sorgeberechtigten nicht mit ins Boot zu holen. Manchmal werden sie nicht einmal darüber informiert, dass Personalmangel herrscht. Eltern ins Notfallkonzept einzubinden und dabei auch in die Verantwortung zu nehmen, empfehle ich dringend. Das schafft **Verständnis, Transparenz und Vertrauen**. Und: Es ist unsere Pflicht! Die Kita als familienergänzendes System muss mit den Eltern in Kommunikation treten und ihnen Informationen mitteilen, die für sie und ihre Kinder relevant sind.

Gemeinsam für das Kind!

In der Zusammenarbeit mit Eltern sprechen wir von einer „Bildungskooperation". Das Interesse beider Seiten besteht darin, das Kind in den Mittelpunkt zu stellen und ihm eine bestmögliche Bildung zu ermöglichen. Das funktioniert, wenn ausreichend Personal in den Kitas vorhanden ist. Ist das nicht der Fall – und das trifft mittlerweile auf die meisten Kitas zu –, dann ist es notwendig, Eltern genau an diesem Punkt abzuholen. Denn: Was wird gefährdet, wenn es an Personal fehlt? Die Bildung und das Wohl der Kinder!

Eltern ins Boot holen

Grundsätzlich sollten Fachkräfte annehmen, dass Eltern und Sorgeberechtigte ein Interesse am Wohl ihrer Kinder haben. Das ist Teil der **elterlichen Verantwortung**[11] und macht die Bedeutsamkeit der Kooperation deutlich. Erörtere also mit deinem Team, was die **Zusammenarbeit mit Eltern** für euch bedeutet und welche Aspekte dabei im Fokus stehen sollen. Vielleicht haben einige Teammitglieder Befürchtungen oder negative Erfahrungen und sind deshalb eher zurückhaltend. Ich lade dich dazu ein, mutiger zu werden und ganz gezielt eine Beziehung zu den Eltern aufzubauen. Ich spreche gern von **„professioneller Nähe"** anstatt von „professioneller Distanz". So kann professionelle Nähe gelingen:

- Wertschätzung entgegenbringen
- Kommunikation auf Augenhöhe leben
- Offenheit und Annahme signalisieren
- Erwartungen und Wünsche anhören
- gemeinsame Ziele vereinbaren
- Transparenz schaffen
- Eltern als Expert*innen ihrer Kinder wahrnehmen
- einen sicheren Ort für alle schaffen

[11] vgl. Maywald, 2023, S. 34

Nicht immer gelingt es, Eltern oder Sorgeberechtigten genügend Raum zu geben. Besonders wenn es an personellen Ressourcen mangelt, haben Fachkräfte keine Zeit für Tür-und-Angel-Gespräche. Lege deshalb nicht erst im Notfall, sondern generell Wert auf die Beziehungsarbeit und die gemeinsame Auseinandersetzung. **Beziehung von Anfang an**, also schon beim Erstkontakt authentisch aufzutreten, die Werte der Kita zu repräsentieren und so Missverständnissen vorzubeugen, ist ein Gelingensfaktor. Bereits im **Aufnahmegespräch** kann das Notfallkonzept thematisiert werden. Eltern haben dann immer noch die Möglichkeit, den Vertrag nicht zu unterzeichnen. Sie werden also in die Verantwortung genommen, sich mit den vorliegenden Gegebenheiten zu beschäftigen, und bleiben entscheidungsfähig.

Erwartungen klären

Was erwartest du, was erwartet dein Team von den Eltern, wenn Personal ausfällt? Ist das klar kommuniziert? Diese Fragen im Vorfeld zu reflektieren und zu klären, ist sinnvoll. Wenn ihr beispielsweise eine Teamsitzung als Raum für die **gemeinsame Reflexion** nutzt und in die Auseinandersetzung geht, könnt ihr eine Einheit bilden und auch nach außen eine **einheitliche Haltung** repräsentieren.

- Was bedeutet Bildungskooperation mit Blick auf Personalausfall für uns?
- Welche Erwartungen haben wir an Eltern?
- Welche Befürchtungen haben wir?
- Welche Vorteile sehen wir in der Zusammenarbeit?
- Was wünschen wir uns von Eltern?
- Welche Ziele verfolgen wir in der Bildungskooperation?

Transparenz schaffen

Was bedeutet es eigentlich, wenn Personal ausfällt? Welche konkreten Konsequenzen hat das für den Betreuungsalltag? In meiner pädagogischen Praxis ist es mir gelungen, Eltern gegenüber genau diese Fragen kleinschrittig zu beantworten und so Transparenz zu schaffen. Anhand meines **10-Stufen-Modells** (siehe Kapitel 3) kannst du Eltern sehr gut verdeutlichen, wie es personell um die Kita steht. Kein Elternteil möchte die Sicherheit des eigenen Kindes gefährden. Wenn es dir also gelingt, bei Eltern Verständnis zu schaffen, indem du die Situation der Kita transparent darlegst, werden sie dir entgegenkommen. Das bedeutet gleichzeitig, **zuverlässige Informationen** herauszugeben und die anstehenden Tage rechtzeitig zu strukturieren, um den Eltern möglichst viel **Planungssicherheit** zu ermöglichen.

*Der Papa von Mira (2 Jahre) steht morgens kurz vor 7 Uhr an der Eingangstür. Du hast gerade erst deine Jacke an die Garderobe gehängt. Das Telefon klingelt, du hebst ab und gehst mit dem Hörer am Ohr zur Eingangstür, um sie zu öffnen. Ein Teammitglied nach dem anderen meldet sich arbeitsunfähig. Herr Helmut steht währenddessen mit Mira im Türrahmen und wartet darauf, dir seine Tochter zu übergeben. Schnell machst du einige Notizen ins Mitteilungsbuch und stellst fest, dass gar kein*e Bezugserzieher*in von Mira im Haus ist.*

Du hast nun die Möglichkeit, Mira in Empfang zu nehmen und nichts zu sagen oder Herrn Helmut über die personelle Situation zu informieren. Ich empfehle dir Letzteres. Denn ab diesem Moment hat Herr Helmut die **Verantwortung** für seine Tochter zu tragen. Er muss sich evtl. mit anderen Familienmitgliedern absprechen, seinen Arbeitgeber informieren, dass er die Betreuung seiner Tochter organisieren muss und deshalb später oder auch gar nicht zur Arbeit kommt. Hier darfst du darauf aufmerksam machen, dass es für Mira wichtig ist, dass ihre Bezugserzieher*innen vor Ort sind.

Leichter ist es für dich, wenn bereits ein **Notfallkonzept** für die Kita vorhanden ist. Dann wären Herrn Helmut die Vorgehensweise und die Besonderheiten der Situation auch bereits bekannt. Sicherlich kannst du dich in seine Situation einfühlen und verstehst, wie schwierig es ist, unter Zeitdruck schnelle Entscheidungen treffen zu müssen.

Ist das Notfallkonzept bereits bekannt, kannst du sagen: „Herr Helmut, ich verstehe Ihre Situation. Es tut mir wirklich leid – ich sehe, dass es Ihnen nicht gut geht mit der Information. Wir haben heute kein Personal in Miras Gruppe. Das bedeutet, Sie müssen die Betreuung leider anderweitig organisieren. Wir bemühen uns, Sie rechtzeitig über den Ablauf der nächsten Tage in Kenntnis zu setzen."

Kopiervorlagen für verschiedene, individuell anpassbare Aushänge zur tagesaktuellen Information der Eltern im Notfall findest du im Downloadbereich. 

Partizipation

Das vorangehende Beispiel macht noch einmal deutlich, wie wichtig es ist, Eltern rechtzeitig ins Boot zu holen. Es empfiehlt sich, den **Elternbeirat** einzubeziehen, um bestimmte Entscheidungen an die Eltern zu **delegieren**. Dadurch fühlen sich die Eltern handlungsfähig und sind bereit, Kompromisse zu finden – das ist gelebte **Partizipation**! Bevor jedoch bestimmte Entscheidungen an die Eltern herangetragen werden, legt das Team fest, welche Aspekte zur Entscheidung freigegeben werden:

- Was sind wir als Kita-Team bereit, an die Eltern abzugeben?
- Welche Entscheidungen wollen wir den Eltern überlassen?
- Wie kann es uns gelingen, die Eltern in die Verantwortung zu nehmen?
- Woran merken wir, dass das gelingt?

Sind diese Fragen im Team geklärt, können Eltern beispielsweise folgende **Entscheidungen mittragen**:

- Welche Familien haben einen Anspruch auf Notbetreuung?
- Ab welchem Zeitraum muss eine Rotation eingeführt werden, sodass alle Kinder eine Möglichkeit haben, die Kita zu besuchen? (Recht auf Bildung)
- Wie wird über Personalausfall informiert? (z. B. Telefonkette)
- Wie können Eltern sich organisieren, um die Betreuung der Kinder untereinander zu regeln?
- Wie können sich Eltern untereinander vernetzen?

Gebt den Eltern die Möglichkeit, **mehrere Lösungen** zu finden und sich über den Elternbeirat darüber auszutauschen. Natürlich könnt ihr den Eltern Impulse geben. **Endergebnisse** werden dann in einer gemeinsamen Sitzung beschlossen.

Die Dienstaufsicht bestimmt den Rahmen

Die Dienstaufsicht liegt bei dir als Kita-Leitung. Es wird also nicht ohne dich entschieden! Du kennst den Tagesablauf, die Kinder, die Mitarbeitenden, die vorhandenen Strukturen und Besonderheiten. Du kennst auch den gesetzlichen Rahmen und hast eine Vorstellung von der zu führenden Aufsichtspflicht. Du gibst also die Orientierung und die Rahmenbedingungen vor!

Brücken bauen

Eine zentrale Frage in der Arbeit mit Menschen lautet: Wie können wir Verbindungen schaffen, Beziehungen aufbauen, Brücken bauen? In Bezug auf ein funktionierendes Kita-Notfallkonzept stellt dies eine besondere Herausforderung dar, weil nicht selten Ängste bei Eltern wie auch Fachkräften mitschwingen.

Die **Ängste der Eltern** betreffen ihre Kinder und ihre Arbeitssituation. Eltern und Sorgeberechtigte wünschen sich einen sicheren Ort für ihre Kinder. Einen Ort, an dem sich die Kinder wohlfühlen und gut aufgehoben sind. Gleichzeitig sind Eltern meistens auf eine außerfamiliäre Betreuung angewiesen, weil sie arbeiten müssen und ihren Arbeitgebern gegenüber verpflichtet sind.

Fachkräfte haben das **Wohl der Kinder** im Blick und sorgen im besten Fall dafür, dass Kinder sicher und gut aufgehoben sind. Kommt es zu personellen Engpässen oder Ausfällen, entsteht **Angst vor der Reaktion der Eltern**. Mitunter gibt es unangenehme Erfahrungen, die Fachkräfte in diesem Zusammenhang bereits gemacht haben. Sobald das Telefon klingelt und Kolleg*innen sich arbeitsunfähig melden, kann Druck entstehen – der Druck, allen gerecht werden zu wollen.

Hier kann Abhilfe geschaffen werden, indem Eltern von Anfang an mit in die **Verantwortung** genommen werden und ihnen bewusst gemacht wird, dass die Betreuung ihrer Kinder zu deren Schutz **anderweitig organisiert** werden muss, wenn Personal ausfällt. Natürlich, es gibt einen Anspruch auf den Kita-Platz, den sie dringend benötigen. Grundsätzlich ist es im Umgang miteinander wünschenswert, Mitgefühl und Verständnis zu zeigen, z. B. für die oftmals schwierige Situation von Eltern.

- Eltern müssen arbeiten.
- Eltern brauchen Entlastung.
- Eltern sind erkrankt.
- Eltern verfügen nicht über anderweitige Betreuungsmöglichkeiten.
- Familienmitglieder wohnen weit entfernt.
- Familienangehörige müssen gepflegt werden.
- Eltern haben individuelle Belastungen.

Von Anfang an informieren

Bereitet die Eltern direkt von Anfang an darauf vor, was konkret passiert, wenn Personal ausfällt. Das gelingt am besten, wenn das **Gesamtkonzept der Kita** transparent nach außen getragen wird. Dies kann unterschiedlich aussehen:

- Informationen auf der Website
- Informationen zum Notfallkonzept im Kennenlerngespräch
- Informationen im Schaukasten zu den Schwerpunkten der pädagogischen Arbeit
- übersichtliche Plakate als Elterninformation im Eingangsbereich
- Informationen an den einzelnen Gruppenräumen

Schon wenn Eltern das erste Mal die Einrichtung betreten, können sie die **Schwerpunkte der Arbeit** erkennen und mit den Fachkräften in den Austausch dazu kommen. Kennenlern-Nachmittage, Tag der offenen Tür und Infoveranstaltungen eignen sich, um das Konzept vorzustellen. Dort können auch **Fragen geklärt** und mögliche Sorgen besprochen werden. Spätestens vor Vertragsunterzeichnung ist es unerlässlich, auf das Konzept hinzuweisen. Wichtig ist, die Informationen zum Konzept der Kita nicht erschlagend darzustellen oder in der Menge von Briefen untergehen zu lassen. Eine klare Struktur in der Darstellung hilft!

Verbindung schaffen

Ebenso wie in der Teamarbeit sind auch **gemeinsame Aktivitäten** mit Eltern zu empfehlen. Dabei kommen sich Team und Eltern näher und lernen sich kennen. Es entsteht eine **Verbundenheit**. Möglichkeiten sind:

- Elternabende in gemütlicher Atmosphäre
- Grillabende
- offenes Elterncafé
- gemeinsame Feste
- gemeinsame Ausflüge mit den Kindern
- Feiern gemeinsamer Erfolge

Grundlage einer konstruktiven Zusammenarbeit ist, die Beziehung auf ein stabiles Fundament zu bauen. Wenn es uns gelingt, **positive Beziehungen** zu gestalten, und somit eine **gute Atmosphäre** in der Kita herrscht, ist es möglich, mit dem Elternbeirat Hand in Hand zu agieren.

- Wie zeige ich Interesse an meinem Gegenüber?
- Nehme ich mein Gegenüber wahr?
- Was fällt mir zuerst auf, wenn ich jemanden sehe?
- Welche Bewertungen habe ich im Kopf?

Fachkräfte dürfen sich hier auch der **Unterschiedlichkeit** bewusst werden: Nicht jeder Mensch kommt mit jedem anderen Menschen gleich gut aus – und das ist okay! Das darf Anerkennung finden und im Team angesprochen werden. Ein **ressourcenorientierter Blick** auf die Beziehungen ist hilfreich: Vielleicht gibt es im Team Mitarbeitende, denen Kommunikation leicht gelingt und die schnell einen Zugang zu anderen finden. Das könnt ihr als wertvolle Ressource nutzen.

Bewertungen hinterfragen

Im Kita-Alltag ist es nicht selten, dass Menschen mit unterschiedlichen Bewertungen aufeinandertreffen. Davon kann sich kaum jemand freisprechen. Doch gerade, wenn wir mit Menschen arbeiten, ist es besonders wichtig, dass wir uns unsere Bewertungen immer wieder bewusst machen und unser Verhalten reflektieren.

Gesunder Umgang mit Konflikten

Wo subjektive Bewertungen sind, sind auch Konflikte nicht weit. Konflikte lassen sich nicht immer abwenden. Das muss auch gar nicht sein! Konflikte gehören zum Leben dazu. Was den Umgang damit häufig erschwert, sind unsere **persönlichen Erfahrungen**, z. B. ein ungesunder Umgang mit Konflikten in der Kindheit.

- Wie habe ich Konflikte bisher erlebt?
- Wie fühle ich mich in einem Konflikt?
- Was fällt mir besonders schwer, in einem Konflikt zu benennen?
- Was brauche ich, um einen leichteren Umgang mit Konflikten zu finden?
- Woran merke ich, dass es mir leichter fällt?

Konflikte beinhalten **Wachstumsmomente**. Sie eröffnen uns die Chance, etwas über unser Gegenüber zu erfahren und gleichzeitig etwas über uns selbst zu lernen. Wenn uns

gelingt, **gewaltfrei und wertfrei** zu kommunizieren, haben wir einen großen Schritt in Sachen Kommunikation geschafft. Druck und Ängste können abnehmen und ein friedvolleres Miteinander wird möglich.[12]

Nun kann nicht davon ausgegangen werden, dass genau das allen Eltern gelingt. Deshalb ist es für deine pädagogische Praxis sehr wichtig, dich mit deinem eigenen **Kommunikationsverhalten** näher zu befassen. Im Team ist der Rahmen für einen konstruktiven Umgang mit Feedback und Konflikten zu schaffen.

- Wie wollen wir miteinander sprechen?
- Wie schaffen wir es, wertschätzend miteinander in den Austausch zu treten?
- Wie gelingt es uns, Gespräche zu führen, die sich schwer anfühlen?
- Woran erkennen wir eine gelingende Kommunikation?

Was Eltern brauchen

Um das Kita-Notfallkonzept mitzutragen, brauchen Eltern **Transparenz** und einen offenen Dialog über die Gefahren in der Kita, wenn nicht ausreichend Personal vorhanden ist. Ein **Perspektivwechsel** fördert gegenseitiges Verständnis. Auch ein Überblick über die Gefährdungsbeurteilung der Unfallkassen kann hilfreich sein. Es geht darum, die Eltern mitzunehmen und sich gemeinsam stark zu machen für bessere Rahmenbedingungen in den Kitas – zum Wohl der Kinder!

- Wie können wir unsere Arbeit transparent gestalten?
- Wie wollen wir Eltern einen Einblick in unsere Arbeit gewähren?
- Welche Erwartungen haben wir an Eltern?
- Wie schaffen wir mehr Verbindung zur Elternschaft?
- Woran erkennen wir, dass uns das gelingt?

Bei der Entscheidung, welche Familien einen Anspruch auf eine Notbetreuung in der Kita haben, ist der Elternbeirat einzubeziehen. Du kannst den Elternbeirat beauftragen, in den Austausch mit der gesamten Elternschaft zu treten und einen Kriterienkatalog zu erstellen. Das Ergebnis wird in einem gemeinsamen Austauschtreffen präsentiert.

[12] vgl. Sasse, 2023, S. 9

Wissen sorgt für Verständnis – informieren Sie deshalb unbedingt über allgemeine Vorgaben sowie die individuelle Situation in Ihrer Einrichtung:

- Was ist unter „Aufsichtspflicht" zu verstehen?
  - ➡ Wann bzw. ab welcher Personaluntergrenze können wir diese nicht mehr gewährleisten?
- Welche konkreten Gründe gibt es für Einschränkungen der Öffnungszeiten oder der Kinderzahlen?
  - ➡ Wann werden die Öffnungszeiten eingeschränkt (wegen Vorbereitungszeiten, Teambesprechungen, Fortbildungen, Urlauben etc.)?
  - ➡ Wann werden die Stunden reduziert bzw. die Kinderzahlen angepasst?
- Wie ist die personelle Situation in der Kita?
- Welche Möglichkeiten haben Eltern, sich untereinander zu vernetzen?

Eltern können sich bei personellen Engpässen gegenseitig unterstützen und die Betreuung auffangen. Sicher gibt es Eltern, die bereits miteinander in Kontakt stehen, oder Kinder, die bestimmte Spielpartner*innen in der Kita haben – eine gute Gelegenheit, zusammenzuarbeiten!

Grenzen setzen

Nicht zuletzt setzt ein Kita-Notfallkonzept eine **klare Haltung** im Team voraus. Grenzen zu setzen, fällt uns häufig gar nicht so leicht. Das hat unterschiedliche Gründe und liegt meist in unserer Kindheit und Sozialisation begründet. Die meisten Fachkräfte sind in einer Generation erwachsen geworden, deren Eltern selbst noch kein Bewusstsein für die Wichtigkeit der eigenen Grenzen erfahren und somit weitergegeben haben. Vielleicht geht es dir ähnlich oder du erkennst dich wieder:

> *Alice ist gesundheitlich angeschlagen und fühlt sich heute gar nicht wohl. Manuela kommt auf sie zu und bittet sie darum, den Spätdienst zu übernehmen. Alice hatte schon den Frühdienst übernommen und gehofft, heute etwas früher gehen zu können. Dennoch sagt sie Manuela zu, da sie Angst hat, für faul, nicht arbeitswillig und nicht hilfsbereit gehalten zu werden. Auch hat sie Angst vor Manuelas Reaktion, würde sie Nein sagen. Alice hat in ihrer Kindheit gelernt: Nur wer sich anstrengt, wird am Ende belohnt. Also zieht sie durch. Außerdem ist ihr Hilfsbereitschaft sehr wichtig, sie will ihr Team so gut wie möglich unterstützen.*

Dieses Beispiel zeigt sehr gut, welche Prozesse ganz automatisch in einem Menschen ablaufen können, wenn er unbewusst handelt und keine Grenzen setzen kann. Vielleicht kommt dir das bekannt vor: Du hast **unangenehme Gefühle**, wenn du deine Grenzen kommunizierst und Nein sagst. Du möchtest niemanden vor den Kopf stoßen. Vielleicht möchtest du nicht unangenehm auffallen, keine Umstände machen und niemanden belasten. Du hast Angst, unhöflich oder verletzend zu sein.[13]

Wir Menschen haben Grundbedürfnisse, die wir erfüllt haben wollen. Unter anderem sind das **Verbindung und Nähe**. Besteht die Gefahr, **Ablehnung** zu erfahren, fällt es uns unter Umständen schwer, unsere Grenzen zu wahren. Dauerhaft keine gesunden Grenzen setzen zu können, kann zur Folge haben, dass du ein **Burn-out** oder andere gesundheitliche Risiken in Kauf nimmst. Das bedeutet: Wir sind gefordert, auf uns selbst zu achten. **Du bist wichtig!** Du bist wertvoll. Deine Gesundheit ist wichtig. Es ist unumgänglich, die eigene Biografie zu reflektieren, um die eigenen Befindlichkeiten zu verstehen und in die Selbstannahme und die Selbstliebe zu kommen. Das spielt eine wesentliche Rolle, um Grenzen gesund zu setzen.

- Wo sind meine Grenzen?
- Woran erkenne ich, dass meine Grenzen überschritten sind?
- Wie fühle ich mich, wenn ich außerhalb meiner Grenze stehe?
- Wie gelingt es mir, meine Grenzen zu kommunizieren?
- Wie achte ich die Grenzen meiner Mitmenschen?

Grenzen sind Teil unserer Selbstfürsorge

Grenzen zu setzen, ist gelebte Selbstfürsorge. Es gehört zur Gesundheitsprävention, schützt vor dauerhafter Überlastung und führt langfristig zu einem positiven Arbeitsumfeld. Eine klare Kommunikation hilft dir, deine Grenzen zu wahren. Für das Kita-Notfallkonzept bedeutet das: Es fällt leichter, Grenzen aufzuzeigen und zu halten, wenn im Vorfeld bereits unter Einbeziehung aller Beteiligten ein tragfähiges Konzept erstellt wurde.

[13] vgl. Glover Tawwab, 2021, S. 54

3.

Das 10-Stufen-Modell – ein individuelles Notfallkonzept erarbeiten

© Iftitart – Shutterstock.com

Das Modell

Das 10-Stufen-Modell ist ein Vorschlag für eine konkrete **Struktur**, wie du ein Notfallkonzept für deine Kita entwickeln kannst. Anhand der zehn Stufen ist schnell ersichtlich, welche **Maßnahmen** getroffen werden müssen, um den Betrieb der Kita sicher zu gewährleisten. Nicht nur die Kolleg*innen, sondern vor allem auch die Eltern erhalten darüber einen Einblick in das **Vorgehen im Notfall**. Dieses Modell findest du auch zum Anpassen und Ausdrucken im Downloadbereich.

Stufe	Maßnahmen	To-do	Verantwortlich
1	Normalbetrieb	interne Regelungen treffen	Leitung und Team
2	Dienstpläne anpassen	interne Regelungen treffen; Ausflüge, gruppenübergreifende Angebote etc. absagen	Frühdienst
3	Vertretung einsetzen	hausinterne und/oder externe Springer*innen organisieren	Frühdienst
4	Randzeiten abdecken	Gruppen in Randzeiten zusammenlegen	Leitung und Team
5	Gruppen zusammenlegen	Eltern informieren, Gruppen strukturieren, interne Regelungen anpassen	Leitung und Team
6	Betreuungsstunden reduzieren	Vorbereitungszeiten, Teamsitzungen durchführen	Leitung, Team und Träger
7	Öffnungszeiten anpassen	Anpassung an einzelnen Tagen vornehmen und kommunizieren	Leitung und Träger[14]
8	Gruppen schließen	Eltern informieren, interne Regelungen treffen (z. B. Verantwortliche, Pausenzeiten)	Leitung und Träger[14]
9	Notbetreuung	Eltern informieren, welche Familien eine Möglichkeit zur Betreuung wahrnehmen können	Leitung und Träger[14]
10	Kita-Schließung	den Betrieb aufgrund von Personalmangel einstellen	Leitung und Träger[14]

Das 10-Stufen-Modell ist sehr kleinschrittig aufgebaut. Das hat den Vorteil, dass alle Fachkräfte es gut anwenden und sich einen Eindruck verschaffen können, um die aktuelle personelle Lage zu überblicken. Die Farbgebung ist intuitiv zu lesen:

- **Grün:** „alles bestens, der Betrieb ist gesichert"
- **Gelb** bis **Orange:** „die Lage ist angespannt, der Betrieb ist anzupassen"
- **Rot:** „nichts geht mehr, der Betrieb muss eingeschränkt werden"

[14] Wenn Leitung und Stellvertretung nicht im Haus sind, muss eine andere Person mit dem Träger in den Austausch treten und klare Absprachen treffen.

Die ersten vier Stufen des Modells sind insbesondere für interne Prozesse in der Kita relevant. Dennoch ist es ratsam, Außenstehende, wie z. B. Eltern und Trägervertretende, darauf aufmerksam zu machen, um nach außen ein realistisches Bild der personellen Lage zu zeichnen. So gibt es keine große Überraschung, wenn z. B. plötzlich Öffnungszeiten angepasst werden oder Ausflüge und Aktionen ausfallen müssen.

Individualität muss sein!

Natürlich gestaltet sich die personelle Situation in einem großen Haus mit 25 Fachkräften anders als in einem kleinen Haus mit acht Mitarbeitenden. Es ist also sehr individuell und **von Kita zu Kita unterschiedlich**, wie viele Fachkräfte fehlen dürfen, um den Normalbetrieb (Stufe 1) aufrechtzuerhalten bzw. ab wie vielen fehlenden Fachkräften die Kita geschlossen werden muss (Stufe 10).

Die Strukturen, die Öffnungszeiten, die internen Strukturen, die Konzepte, die Größe, die Familien etc. sind von Kita zu Kita unterschiedlich. Das unterstreicht noch einmal die Notwendigkeit einer **aktiven, individuellen Auseinandersetzung** mit den einzelnen Stufen und dem Notfallkonzept. Was für Kita A passt, muss nicht passend für Kita B sein. Jede Einrichtung braucht ihren ganz eigenen Umgang mit den **aktuell vorliegenden Bedingungen**.

Es gibt Kitas, die das 10-Stufen-Modell in ein 5-Stufen-Modell umgewandelt haben oder zusätzliche Tools einsetzen, wie z. B. die Personalampel. Mit einem Farbcode von Grün bis Rot wird hier die aktuelle Personallage dargestellt. Die Ampel dient zur tagesaktuellen Information der Eltern und macht, z. B. als Aushang im Eingangsbereich, den aktuellen Personalstand transparent. Eine Vorlage, um einen Farbcode individuell festzulegen, findet sich im Downloadbereich.

Praktische Hinweise zur Arbeit mit dem Modell

Bevor du mit der konkreten Arbeit an einem Kita-Notfallkonzept beginnst, reflektierst du für dich selbst: Warum ist es für dich bzw. für den Träger so wichtig, einen guten Umgang mit Personalausfall zu finden? Was spricht dafür, ein Notfallkonzept zu erstellen? Welche Vorteile hat das konkret für die Mitarbeitenden (z. B. Handlungsfähigkeit, Sicherheit, Selbstwirksamkeit)? Wenn die Leitung wegen Urlaub oder Arbeitsunfähigkeit ausfällt, brauchen die Mitarbeitenden einen Plan, wie sie vorgehen können. Bist du selbst überzeugt davon, dass ein Notfallkonzept für eure Kita zu mehr Handlungssicherheit und Selbstwirksamkeit führen kann?

Kommunikation ins Team: Wenn du Klarheit für dich gewonnen und gemeinsam mit deinem Träger beschlossen hast, dass in eurer Einrichtung ein Kita-Notfallkonzept für Personalmangel entstehen soll, trägst du die Idee ins Team. Um einen schnellen Überblick, gerade am Anfang, zu gewährleisten, kann das 10-Stufen-Modell (siehe Seite 42) im Teamzimmer sichtbar visualisiert werden, z. B. auf einem Plakat. So wird greifbarer, was sich hinter einem „Notfallkonzept" verbirgt, und die Fachkräfte können sich daran orientieren.

Aus der Praxis kommt immer wieder die Rückmeldung, dass sich die Mitarbeitenden gesehen, gehört und wertgeschätzt fühlen, wenn die Führungskraft auf sie zukommt und das Kita-Notfallkonzept vorstellt. Die aktive Auseinandersetzung mit den aktuellen Herausforderungen zeigt: Wir wollen gemeinsam einen konstruktiven Umgang mit Personalausfall finden!

Konzeptentwicklung im Team: Bevor euer individuelles 10-Stufen-Modell anwendbar und nach außen präsentierbar ist, solltest du gemeinsam mit deinem Team überlegen, wie sich der Ablauf in eurer Kita konkret gestaltet. Dabei sind folgende Aspekte zu beachten:

- Wann müssen Bring- und Abholzeiten verändert werden?
- Ab wann müssen geplante Aktionen ausfallen?
- Wann muss in einer Gruppe ausgeholfen werden?
- Wann müssen Gruppen zusammengelegt oder geschlossen werden?
- Wie viele Kinder können aufgenommen werden, wenn in jeder Gruppe eine pädagogische Kraft fehlt?
- Ab wann muss die Kita den Betrieb einstellen?

Stellt euch die Frage: Welche konkreten Situationen erfordern eine Einschränkung des Betriebs? Jedes Teammitglied notiert eigene Ideen. Das funktioniert sehr gut in einer großen Dienstbesprechung oder in Kleinteams mit anschließendem Plenum. In Kleinteams haben die Fachkräfte Zeit, ihre Gedanken zu sortieren und individuelle Gruppenabläufe zu reflektieren. Darüber kann im Gesamtteam anschließend ein Austausch stattfinden.

Bedenkt neben Bring- und Abholzeiten alle möglichen Elemente des Kita-Alltags: Spielzeiten im Außenbereich, Mittagessen, offene Bildungsangebote und -räume, Ruhezeiten, Aktionen, Ausflüge etc.

Kommunikation der Teamergebnisse: Sind die individuellen Stufen eures Konzeptes ausgearbeitet, werden diese im Ordner abgeheftet und/oder sichtbar als Plakat aufgehängt (z. B. neben dem Teamkalender im Personalraum). Eltern erhalten eine Information zum Konzeptentwurf im Newsletter, in der App oder in der Elternzeitung. Wenn es euch hilfreich erscheint, erstellt ihr im Team eine Personalampel (siehe Praxistipp, S. 43), die an der Eingangstür aushängt wird und den Eltern auf einen Blick transparent macht, wie der tagesaktuelle Betrieb aufgestellt ist.

Wichtige Infos im Überblick: Um im akuten Fall alle wichtigen Infos beisammenzuhaben, kannst du einen Ordner anlegen, in dem alle Dienstpläne der Mitarbeitenden sowie die konkreten Absprachen mit den Eltern zu finden sind. Wenn z. B. die Notgruppen in einzelne Gruppen eingeteilt wurden, müssen die Mitarbeitenden auf die Vereinbarung zurückgreifen können:

> *Die grüne Gruppe hat einen Anspruch auf Notbetreuung in der ersten Januarwoche, die gelbe Gruppe in der zweiten Januarwoche, die blaue Gruppe in der dritten Januarwoche, die rote Gruppe in der vierten Januarwoche, die lila Gruppe in der fünften Januarwoche – und dann wieder von vorn.*

Infoveranstaltung für Eltern: Damit Eltern ein Verständnis dafür entwickeln können, worum es in eurem Kita-Notfallkonzept geht, wird ein Elternnachmittag oder -abend dazu veranstaltet. Wichtig ist, die rechtlichen Vorgaben zu erwähnen, um den Eltern zu verdeutlichen, was „Aufsichtspflicht" in der Praxis bedeutet. Erläutert gemeinsam, was ihr euch bei der Erstellung des Notfallkonzeptes gedacht habt. Was ist euch daran wichtig? Was soll das Konzept bewirken (z. B. Transparenz für Eltern, Planbarkeit für Eltern, Struktur und Orientierung)? Eine Kopiervorlage für eine Einladung zu einer Eltern-Informationsveranstaltung findest du im Downloadbereich.

Zusammenarbeiten mit dem Elternbeirat: Sobald die ersten Informationen in die Elternschaft getragen wurden, wird ein Termin mit dem Elternbeirat vereinbart. Hier geht es ganz konkret darum, die Eltern mit in die Verantwortung zu nehmen. Sie entscheiden mit: Welche Lösungsvorschläge gibt es für die Notgruppen? Welche Familien haben einen Anspruch auf Notbetreuung? Es ist Aufgabe der Kita, zu verdeutlichen, dass nicht pauschal diejenigen Kinder zu Hause bleiben, deren Eltern zu Hause sind. Chancengleichheit

sollte mit bedacht werden. Der Elternbeirat kann gemeinsam mit der Elternschaft einen Plan erarbeiten, der z. B. für ein Kita-Jahr gültig ist. Dann kommen wieder neue Familien in die Einrichtung und der Plan muss aktualisiert werden.

Kommunikation des fertigen Konzeptes: Wenn alle Beteiligten einbezogen wurden und ein konkreter Plan steht, werden alle Unterlagen für Mitarbeitende (z. B. im Personalraum) und Eltern (z. B. im Elternordner) zur Verfügung gestellt. Die Arbeitsergebnisse werden in die Konzeption, idealerweise ins Kinderschutzkonzept, integriert.

Um einfacher in die Thematik einsteigen zu können, werden nachfolgend Beispiele genannt, was in den einzelnen Stufen zu beachten ist. Außerdem steht im Downloadbereich ein *Abc-Leitfaden für Personalausfall* für dich bereit. Dieser liefert einen schnellen Überblick, woran grundsätzlich zu denken ist, wenn ein Kita-Notfallkonzept erarbeitet werden soll.

1. Normalbetrieb

Stufe 1 bildet den Normalbetrieb ab bis hin zu der Situation, dass eine oder zwei Fachkräfte ausfallen. Um Klarheit und Handlungssicherheit zu schaffen, sollten die folgenden Fragen im Team besprochen werden. Dies sorgt für **einheitliche Informationen** und hilft, den Alltag gut zu strukturieren. In allen Fällen ist es eine **individuelle Entscheidung** der Kita, was sicher „leistbar" ist.

- Wie sind der Früh- und der Spätdienst aufgestellt? Muss hier etwas verändert werden, wenn sich ein Teammitglied arbeitsunfähig meldet?
- Wie viele Fachkräfte brauchen wir für einzelne Aktionen?
- Wie kann die Organisation des Frühstücks verändert werden?
- Wie können Bring- und Abholzeiten einfacher gestaltet werden?
- Gibt es Morgenkreise?
- Welche Angebote finden über den Tag hinweg statt?
- Welche Projekte sind geplant?
- Was kann problemlos stattfinden? Was nicht?

Es ist sehr wichtig, diese Fragen im Vorfeld zu klären, um im Ernstfall **gut vorbereitet** zu sein. Wird erst beim Eintreffen der Arbeitsunfähigkeitsmeldung(en) überlegt, wer sich dann heute um das Frühstück kümmert oder wie damit umgegangen wird, dass das für heute geplante Projekt nicht stattfinden kann, ist Stress vorprogrammiert!

2. Dienstpläne anpassen

Sobald Randzeiten nicht mehr abgedeckt werden können, ist es nötig, die Dienstpläne anzupassen. Im Idealfall überlegt das Team gemeinsam, was gut funktionieren kann: Wer kann mit wem den Dienst tauschen? Gibt es **gegenseitige Vertretungen**? Das kann sinnvoll sein, funktioniert allerdings nicht in jeder Kita und kann auch zu Herausforderungen führen. Du kennst die Gegebenheiten deines Teams und deiner Einrichtung am besten – also kannst du auch am besten entscheiden, welche Hilfsmittel für euch sinnvoll und umsetzbar sind.

Dienstpläne zu erstellen, ist eine besondere Aufgabe und nicht immer einfach. Es gibt Dienstpläne, die wöchentlich wechseln, und solche, die einen bestimmten Rhythmus vorgeben. Eine **Grundstruktur** ist nicht verkehrt, da sie für Orientierung und Sicherheit sorgt. In Zeiten von Personalmangel müssen wir jedoch mehr Flexibilität zulassen. Ein Austausch darüber im Team ist ratsam, um gut vorbereitet zu sein. Es muss auch geklärt werden, wer dafür verantwortlich ist, die Dienste zu planen.

- Welche internen Regelungen müssen getroffen werden, um den Betrieb reibungslos sicherzustellen?
- Welche Dienste können angepasst werden?
- Gibt es Dienste, die ausgeweitet werden müssen?
- Müssen Dienste getauscht werden?
- Wer übernimmt Randzeiten?

Pausen und Ruhezeiten

Pausenzeiten müssen beachtet werden: Wer 6,5 Stunden arbeitet, muss nach 6 Stunden eine Pause von mindestens 30 Minuten einlegen (§ 4 ArbZG). Die Ruhezeit der Mitarbeitenden ist zu bedenken, wenn Randzeiten abgedeckt werden müssen. Vorgegeben ist eine Ruhezeit von mindestens 11 Stunden (§ 5 ArbZG).

3. Vertretung einsetzen

Wenn es die Möglichkeit gibt, ist es ratsam, ein **Vertretungssystem** zu etablieren. Das ist nicht bei jedem Träger möglich. Hier gibt es enorme Unterschiede zwischen Stadt und Land sowie von Träger zu Träger. Die Ressourcen dafür sind mittlerweile sehr erschöpft, da Springkräfte in den meisten Kitas bereits einen festen Platz ersetzen. Eine Überlegung könnte es sein, eine feste Springkraft für das Haus einzustellen, die somit allen – und insbesondere den Kindern – bekannt ist. Es hat klare Vorteile, wenn die Fachkraft mit Personen, Örtlichkeiten und Strukturen vertraut ist.

- Können wir uns untereinander, z. B. im Verbund, vernetzen?
- Gibt es Fachkräfte, die auf Honorarbasis kurzfristig einspringen können? (z. B. Student*innen)
- Gibt es hausinterne Springer*innen?
- Können wir ein trägerübergreifendes Vertretungssystem aufbauen?

4. Randzeiten abdecken

Dass Gruppen in Randzeiten zusammengeschlossen werden, ist keine Seltenheit mehr, jedoch ebenfalls von Konzept zu Konzept unterschiedlich. In vielen Kitas gibt es auch bei „Normalbesetzung" die Regelung, dass die Gruppen in Randzeiten zusammengeschlossen werden, um die Arbeitszeiten der Mitarbeitenden zu strukturieren (z. B. Vorbereitungszeiten, Kleinteam, Elterngespräche, Dienstende). Jedes Jahr sollte die Gestaltung der Randzeiten neu überdacht werden, da sich die **Strukturen der Familien** verändern und es vorkommt, dass plötzlich mehr Familien morgens ab 7 Uhr eine Betreuung brauchen als ab 16 Uhr oder andersherum.

Die **Größe der Einrichtung** ist dabei sehr entscheidend: In einer fünfgruppigen Kita ist es weniger problematisch, Gruppen zusammenzulegen, wenn die jeweiligen Gruppen in den Randzeiten z. B. aus fünf Kindern bestehen. In einer zweigruppigen Kita mit jeweils 20 Kindern pro Gruppe in der Randzeit ist es eine Herausforderung. Hier müssten 40 Kinder von zwei Mitarbeitenden betreut werden, was keinesfalls im Sinne des Kindeswohls ist.

Also braucht es auch in diesem Bereich einen individuellen Blick auf die Situation, immer unter der Prämisse: **Was ist sicher leistbar?** Wenn nun mehrere Fachkräfte fehlen, muss überlegt werden, wie Entlastung zu schaffen ist, anstatt weitere Überstunden für die anwesenden Fachkräfte aufzubauen. Eine Zusammenlegung ist also sinnvoll, wenn in den Randzeiten insgesamt nicht mehr viele Kinder im Haus sind. So können Mitarbeitende, die gerade nicht mit den Kindern arbeiten, ihre Gruppenräume aufräumen, die Stühle hochstellen und den kommenden Kita-Tag vorbereiten.

- Sind alle Randzeiten ausreichend abgedeckt?
- Benötigen wir Unterstützung, um die Randzeiten abzudecken?
- Müssen Fachkräfte Überstunden machen, um die Randzeiten abdecken zu können?
- Wie lange ist das möglich?
- Wie werden die Überstunden vergütet?

5. Gruppen zusammenlegen

Das Zusammenlegen von Gruppen ist eine gern angewendete Methode in Kitas, um fehlendes Personal auszugleichen. So können die vorhandenen personellen **Ressourcen sinnvoll genutzt** werden, indem z. B. einzelne Fachkräfte von der Gruppe gelöst werden, um z. B. Bildungsdokus fertigzustellen, an Portfolios zu arbeiten oder Elterngespräche vorzubereiten.

*In der roten Gruppe sind heute zehn Kinder und ein Erzieher anwesend, in der gelben Gruppe sind es acht Kinder und zwei Erzieherinnen. Die Kolleg*innen schließen sich zusammen, um ihre Ressourcen sinnvoll zu nutzen. Indem sie zu dritt zusammenarbeiten, haben sie die Möglichkeit, nebenbei Portfolios mit den Kindern zu gestalten und Spielprozesse anzuleiten und zu begleiten. Die Kolleg*innen können sich abwechselnd aus dem Gruppengeschehen lösen, um ihre pädagogische Arbeit zu reflektieren, Fachartikel zu lesen oder die kommenden Tage vorzubereiten.*

- Wann legen wir die Gruppen zusammen?
- Wie können wir uns in dieser Zeit strukturieren?
- Welche Aufgabenbereiche fallen an?
- Welche Ressourcen ergeben sich daraus?

6. Stunden reduzieren

Sind die Anpassung der Öffnungszeiten und eine Stundenreduzierung nicht ein- und dasselbe? Nein! Die Stunden zu reduzieren, kann dann sinnvoll sein, wenn die Hintergrundarbeit neben der Betreuung der Kinder liegen bleibt. Zu den Aufgaben gehört es, Dokumentationen anzufertigen, Gespräche vorzubereiten, Portfolios anzulegen und pädagogische Angebote zu organisieren. Dafür sollten **Vor- und Nachbereitungszeiten** gewährleistet sein, damit das Team die pädagogische Arbeit weiterentwickeln und auf dem neuesten Stand halten kann. Das Team und jedes einzelne Teammitglied braucht Zeit zur Reflexion der pädagogischen Prozesse und zur Erledigung administrativer Aufgaben. Das bedeutet: Die Betreuungszeit wird reduziert, um die **Qualität der pädagogischen Arbeit** aufrechtzuerhalten.

Welche Aufgaben sind neben der Kinderbetreuung zu erledigen?

- Projekte und Aktivitäten vor- und nachbereiten
- Fachliteratur lesen und aktuelle entwicklungspsychologische Erkenntnisse verinnerlichen
- die eigene Arbeit evaluieren und weiterentwickeln
- Elterngespräche vor- und nachbereiten
- die Entwicklung der Kinder festhalten
- Portfolios organisieren (am besten mit den Kindern gemeinsam)
- Beobachtungen und Lerngeschichten dokumentieren
- Bildungsdokumentationen auf aktuellem Stand halten
- Selbstreflexion, Fortbildungen, Weiterbildungsmaßnahmen
- Kleinteam- und Dienstbesprechungen, um die gesamte pädagogische Arbeit zu reflektieren, zu evaluieren und weiterzuentwickeln

- Welche Aufgabenbereiche bleiben bei Personalausfall liegen?
- Welche Aufgaben haben Priorität?
- Wann können liegen gebliebene Aufgaben erledigt werden?
- Bis wann sollten sie erledigt werden?

7. Öffnungszeiten anpassen

Wenn mehrere Fachkräfte fehlen, sodass Gruppen teilweise unbesetzt sind, ist es eine Option, die Öffnungszeiten anzupassen. In Rücksprache mit den Eltern bzw. **Elternvorsitzenden** ist zu klären, welche Zeiten passend sein könnten. Manchmal ist es sinnvoll, die Öffnungszeit nach hinten zu verschieben, also z. B. erst um 9 Uhr zu öffnen und dafür bis 17 Uhr geöffnet zu haben. Doch auch das Gegenteil kann der Fall sein, sodass eine Öffnung ab 7 Uhr zu gewährleisten ist, aber nachmittags früher geschlossen wird. Falls die Öffnungszeiten angepasst werden, ist unbedingt auch der **Träger** der Einrichtung zu informieren!

- Welche personellen Ressourcen haben wir?

- Können Früh- und Spätdienst abgedeckt werden?
- Können einzelne Mitarbeitende Stunden aufstocken?
- Wie werden mögliche Überstunden zeitnah abgebaut?

8. Gruppen schließen

Eine Gruppe muss geschlossen werden, wenn **nur noch einzelne oder gar keine Fachkräfte mehr** vorhanden sind, die der Gruppe zugeordnet sind. Sind keine Fachkräfte mehr greifbar, die den Kindern bekannt sind, kann höchstens einzelnen Kindern ein Notplatz in einer anderen Gruppe zugewiesen werden. In welchen Fällen eine Notbetreuung möglich ist, wird mit den Eltern vorab besprochen (siehe folgender Abschnitt).

Eine Gruppenschließung ist ratsam, wenn:
- Bezugspersonen der Kinder arbeitsunfähig sind;
- keine den Kindern bekannte Person die Gruppe übernehmen kann;
- Abläufe und Strukturen der Gruppe unbekannt sind;
- die vertretende Person die Kinder nicht kennt und allein in der Gruppe wäre.

9. Notbetreuung

Befindet sich die Kita in der Situation, dass nur noch sehr wenige Mitarbeitende im Haus sind, ist es ratsam, die Notbetreuung einzuläuten. Der **Träger** ist davon unbedingt in Kenntnis zu setzen! Im Idealfall wurde dieses Szenario bereits vorab **gemeinsam mit den Eltern** durchgespielt und ihr habt euch mit dem Elternbeirat darauf geeinigt, wer im Falle der Notbetreuung **dringenden Betreuungsbedarf** hat. Die nächsten Tage sind nun genau zu planen! Auch die Eltern müssen planen und mit ihren Arbeitgebern besprechen, ob, wie und wann sie arbeiten können. Vielleicht müssen sie eine alternative Betreuung für ihre Kinder organisieren. Die Kita kann den Eltern entgegenkommen, indem sie rechtzeitig und schnell über das weitere Vorgehen **informiert**.
Im Downloadbereich erhältst du Kopiervorlagen für Aushänge, um die Eltern über angepasste Öffnungszeiten, eine Notbetreuung oder Kita-Schließung zu informieren.

Chancen für alle!

Ist eine Gruppenschließung und/oder Notbetreuung längerfristig notwendig, so ist unbedingt zu prüfen, wie es Kindern ohne Anspruch auf Notbetreuung ermöglicht werden kann, die Kita zu besuchen. In der Praxis gibt es beispielsweise rotierende Systeme, die es diesen Kindern ermöglichen, zumindest für ein paar Stunden in der Kita betreut zu werden. Denn: Nicht nur erwerbstätige Eltern haben einen Betreuungsbedarf. Und: Jedes Kind hat ein Recht auf Bildung, Förderung und Erziehung.

10. Kita-Schließung

Im Falle einer Kita-Schließung muss der **Träger informiert** werden und eine Meldung ans Landesjugendamt leiten. Die Schließung der kompletten Kita ist das Worst-Case-Szenario schlechthin. Es ist für alle Beteiligten unangenehm und dennoch manchmal nicht zu verhindern. Im Fokus sollte auch hier immer der **Schutz der Kinder** stehen. Wenn nicht ausreichend Personal im Haus ist, dann ist die Kita geschlossen zu halten. Zum einen, um die Kinder vor potenziellen Gefahren zu schützen, und zum anderen, um die noch anwesenden Fachkräfte nicht zu gefährden bzw. zu überlasten. Ist die Einrichtung geschlossen, können Fachkräfte, die noch im Dienst sind, dennoch **verschiedene Aufgaben** erledigen. In der Kita gibt es immer etwas zu tun.

Trotz vorhandener Struktur braucht es noch **Raum für Flexibilität**. Vielleicht gibt es unter den Familien einen **absoluten Notfall**, der zwingend eine Betreuung benötigt. Dann könnte eine der noch verbleibenden Fachkräfte mit diesem Kind in eine Kita aus der Nachbarschaft oder aus dem Verbund gehen, um die Betreuung aufzufangen.

Umgang mit dem Kita-Träger

Dein Träger ist unbedingt in den Entwicklungsprozess deines Notfallkonzeptes **einzubeziehen**, da er dazu verpflichtet ist, eine Meldung nach § 47 SGB VIII ans Landesjugendamt weiterzugeben. Es ist also sehr wichtig, alles zu **dokumentieren** und entsprechend an den Träger weiterzuleiten bzw. diesen von den Vorgängen in der Kita **in Kenntnis zu setzen**. Im besten Fall ist der Träger genauso überzeugt vom Kita-Notfallkonzept wie du und dein Team und es wird eine gemeinsame Haltung vertreten und gelebt.

Sollte es für dich eine Herausforderung sein, mit einem Notfallkonzept vor deinem Träger zu argumentieren, ist es hilfreich, bei deiner **Haltung** zu bleiben und die des gesamten Hauses widerzuspiegeln. Ihr habt gemeinsam ausgearbeitet, was euch wichtig ist. Ihr habt die Herausforderungen und Gefahren von Personalmangel verinnerlicht und könnt dem Träger entsprechend begegnen. Reicht das nicht aus, muss jede*r für sich hinterfragen, ob der Träger der richtige Arbeitgeber ist.

Überzeugende **Argumente** für den Träger können sein:

- Gefährdung der Kinder (§§ 8a,b SGB VIII);
- Betriebserlaubnis nach § 45 SGB VIII;
- Verletzung der Aufsichtspflicht (§ 832 BGB);
- Gefährdung der Gesundheit von Mitarbeitenden;
- Arbeitgeber in der Verantwortung;
- Halten von Mitarbeitenden.

Checkliste für den Notfall

Was ist nun also zu tun, wenn morgens z. B. plötzlich sechs Kolleg*innen fehlen? Die wichtigsten Überlegungen habe ich in einer Liste zusammengefasst, die du für deine Kita nutzen kannst. Diese Liste findest du auch im Downloadbereich:

1. Wie viele Mitarbeitende haben sich arbeitsunfähig gemeldet?		
☐	**In welcher Gruppe fehlt welches Personal?**	
2. Was bedeutet das für den Kita-Alltag?		
☐	**Müssen Dienstpläne verändert werden?**	
	Wer kann Mehrarbeit leisten? Wer nicht?	kurze Absprache im Team vor Ort
	Wer hat wann Dienst? Wer kann wen vertreten?	Übersicht der Dienste der Kolleg*innen, z. B. auf einer großen Diensttafel im Personalzimmer (Achtung: Datenschutz!)
☐	**Können alle Randzeiten abgedeckt werden?**	
	Welche Randzeiten müssen ggf. abgedeckt werden?	
	Welche Fachkraft kann einspringen? Müssen Springer*innen organisiert werden? Müssen Gruppen zusammengelegt werden?	Pausen- und Ruhezeiten der Mitarbeitenden bedenken!
☐	**Können die Öffnungszeiten gewährleistet werden?**	
	Ist es möglich, mit der aktuellen Besetzung die Öffnungszeiten zu gewährleisten? Müssen Betreuungsstunden reduziert werden?	
☐	**Müssen Eltern die Betreuung ihrer Kinder anderweitig organisieren?**	
	Wie viele Kinder können aufgenommen werden?	
	Welche Gruppen müssen evtl. geschlossen werden?	
3. Informationen an Eltern und Kinder		
	per App, über einen Aushang im Eingangsbereich oder an der Gruppentür, Informationsbriefe, 1:1-Gespräche	
4. Informationen an den Träger		
	per App, Mail, Anruf	
5. Planung der kommenden Tage		
	Wie gestalten sich die nächsten Tage?	

Diese Struktur kann so oder ähnlich abgehakt werden – je nachdem, was in eurer Kita-Praxis vereinbart wurde. Die Liste gibt dem Team Sicherheit und Orientierung. Unter rechtlichen Aspekten ist im Sinne des Kindes zu handeln. Ebenso wichtig ist es, das Personal nicht weiterer Gefährdung auszusetzen und somit in den eigenen Grenzbereich zu rutschen, der den Personalmangel weiter verschärft.

4.

Im Sinne des Kindes handeln – der Mittelpunkt aller Überlegungen

© iconohek – Shutterstock.com

Um personelle Ressourcen zu schonen und die Gesundheit der Mitarbeitenden zu fördern, sollten wir über den empfundenen Stress unter den aktuellen Rahmenbedingungen sprechen.[15] Ein **lösungs- und ressourcenorientierter Blick** ist dabei wichtig. Wenn wir die aktuellen Erkenntnisse über die **Bildungsprozesse von Kindern** beachten, können wir uns bewusst machen, dass Kinder gar nicht diesen Ausflug oder jenes Highlight brauchen, um eine glückliche, ausgewogene Kindheit zu erleben. Kinder sind von Natur aus neugierig und wollen ihre Umwelt entdecken. Für die pädagogische Praxis bedeutet das, dass wir genügend **Anreize schaffen** sollten, um ihre intrinsische Motivation aufrechtzuerhalten. Das funktioniert bereits mit wenigen, ausgewählten Spielmaterialien, die immer wieder variieren können. Kinder brauchen kein angeleitetes Spiel, sondern vielmehr verlässliche Personen, die ihr **freies Spiel begleiten**. Sie finden ganz von selbst in einen Spielprozess[16], wenn wir die Rahmenbedingungen dafür schaffen.

Wir dürfen also mehr **Leichtigkeit und Gelassenheit** in unseren Alltag einfließen lassen, indem wir nicht den kompletten Tag durchstrukturieren, sondern den Kindern die Möglichkeit geben, in einen **„Flow“** zu kommen. Unsere Aufgabe liegt dann darin, sie in ihrem Tun zu begleiten und ihr freudiges Spiel zu **beobachten**.

Das Freispiel

Eine besondere Bedeutung für die kindliche Entwicklung hat das Freispiel. Kinder brauchen das freie Spiel, um ihre Lernfreude zu erhalten. Ich möchte dich deshalb dazu ermutigen, **weg von einer Angebotspädagogik** und hin zu einem Spiel zu kommen, welches aus der intrinsischen Motivation des Kindes heraus entsteht.

Kinder stellen sich selbst Lernaufgaben. Um ihre Lebenswelt **selbstständig und selbstbestimmt** erkunden zu können, benötigen sie Freiräume. Fachkräfte sollten sich daher vielmehr als **Bildungsbegleitende** verstehen und nur kleine Impulse im Alltag setzen, um das eigenmotivierte Lernen der Kinder zu fordern und fördern.[17] Das verschafft uns Fachkräften also Entlastung durch die Möglichkeit, Kinder zu begleiten, **ohne in ständiger Aktion zu sein**. Eine Begleitung kann folgendermaßen aussehen:

> *Der Erzieher Roberto beobachtet, wie der vierjährige Zidan ein Spielzeugauto über unterschiedliche Oberflächen fahren lässt. Zidan schiebt das Auto über den Teppich, stoppt an einem Schrank, hebt das Auto auf den Schrank und schiebt es dort hin und her – immer wieder. Roberto sagt: „Du schiebst dein Auto hin und her.“ Zidan hebt das Auto auf die an den Schrank angrenzende Fensterbank und lässt es dort weiterfahren.*

[15] vgl. https://www.vbe.de/presse/pressedienste/pressedienste-2023/notstand-an-kitas (letzter Zugriff: 19.01.2024)
[16] vgl. Wedewardt/Hohmann, 2022, S. 21
[17] vgl. Renz-Polster, 2014, S. 217

Der Kollege Roberto ist **präsent** und in Kontakt mit dem Kind, **ohne jedoch selbst in Aktion** zu sein. Das freie Spiel verdient insgesamt eine größere Bedeutung in Bildungseinrichtungen, da Kinder in ihren Spielprozessen ihre Welt erkunden, Erklärungen finden, Neues entdecken, Konflikte lösen, sozial agieren etc. Das Freispiel besitzt ein enormes **Potenzial für die kindliche Entwicklung**.[18]

- Was brauchen Kinder wirklich?
- Welche Anreize können wir anbieten?
- Wie können die Kinder selbstständig in den Spielprozess gelangen?
- Wie können sie ungestört bzw. im Flow bleiben?
- Wie gelingt es, uns bewusst aus dem Spiel zurückzunehmen?
- Welche Umgebung müssen wir dafür schaffen?

Die Erzieherin Marita sitzt mit Bella im Sandkasten. Bella schüttet Sand in verschiedene Gefäße. Sie ist dabei sehr konzentriert. Marita sitzt daneben und beobachtet Bella. Sie lässt ihren Blick über das Außengelände schweifen und erfasst, dass alle Kinder in Interaktion mit anderen oder im eigenen Spielprozess sind. Sie nimmt einen Schluck Wasser aus ihrem Glas, atmet bewusst ein und aus und genießt diese friedvolle Energie.

Das Beispiel macht deutlich, dass Bella gerade grundlegende mathematische Erfahrungen sammelt, sich also in ihrem Spiel selbstständig Wissen aneignet. Solch kleine Momente kann die Fachkraft nutzen, um **kurz innezuhalten** und Kraft zu schöpfen. In Momenten aber, in denen uns etwas schwerfällt, dürfen wir fragen:

- Was fällt mir leicht? Was fällt mir schwer?
- Wie kann ich es mir leichter machen, wenn es gerade schwer ist?
- Was würde mir helfen, Leichtigkeit zu empfinden?
- Woran merke ich, dass die Situation leichter wird?

[18] vgl. Renz-Polster, 2016, S. 92–93

Kleine Auszeiten im Alltag

Nicht nur, aber besonders in Zeiten des Personalmangels ist der Blick darauf zu richten, wie wir uns entlasten können. Um Grenzen zu setzen und **Ressourcen zu schonen**, hilft ein gemeinsamer Umgang im Team mit den aktuellen Herausforderungen. Thematisiere deshalb Pausen und Auszeiten mit den Kolleg*innen:

- Wann kann ich mir kleine Auszeiten schaffen?
- Wie können wir uns im Team gegenseitig Auszeiten ermöglichen?
- Was stellt sich jede Fachkraft konkret darunter vor?
- Auf welchen gemeinsamen Nenner können wir kommen?

Eine kleine Auszeit kann bereits ein kurzes, **bewusstes Durchatmen** im Personalraum sein. Hier kann ein Aromadiffuser für angenehmen Duft im Raum sorgen. Manche Kolleg*innen brauchen eine kurze Bewegungseinheit, um den Kopf wieder freizubekommen. Zwischendurch einen Tee in der Küche zuzubereiten, kann ebenso zu einer kleinen, erholsamen Pause führen. Wichtig ist, dass dies bewusst geschieht und die Fachkräfte kein schlechtes Gewissen dabei haben. Pausen sind eine **Präventionsmaßnahme** für gesunde Fachkräfte und sollten im pädagogischen Alltag einen hohen Stellenwert haben. Schon kleine Momente können einen langfristigen Effekt haben.

Die Mitarbeitenden haben pro Tag jeweils drei Muggelsteine als eine Art Joker zur Verfügung, um sich eine Auszeit zu gönnen. Ziel ist es, diese drei Steine am Tag auch wirklich einzusetzen. Das sorgt für eine achtsame Atmosphäre und ein Bewusstsein für kleine Inseln der Erholung im Alltag. Natürlich können es auch mehr Muggelsteine oder andere Materialien sein.

Das Bewusstsein für die eigenen Ressourcen gehört zur **Biografiearbeit**, die im pädagogischen Kontext eine besondere Rolle spielen sollte. Sie ist ein Teil eines professionellen pädagogischen Handelns und befähigt Fachkräfte, „selbst-bewusst" zu agieren. Deshalb ist es wichtig, die eigenen Werte und Normen zu erkennen und kennenzulernen.[19] Nur so können Fachkräfte sich selbst und ihre **persönlichen Grenzen** bewusst wahrnehmen und darauf achten.

[19] vgl. Wedewardt/Cantzler, 2022, S. 40–41

Auch **Stress ist individuell** und wird von jedem Menschen unterschiedlich wahrgenommen. Dafür gilt es, ein Verständnis zu entwickeln. Die vorhandenen Stressfaktoren in der Kita sollten wir regelmäßig reflektieren, ohne unser Gegenüber dabei zu bewerten.[20]

- Welche inneren/äußeren Stressfaktoren gibt es für jede einzelne Fachkraft?
- Welche Stressfaktoren gibt es für uns als Team?
- Wie wollen wir in stressigen Zeiten auf uns achten?
- Wie können wir dem Stress entgegenwirken?
- Woran merken wir, dass uns das gelingt?

Der Raum als dritte Fachkraft

Mit dem Freispiel eng verbunden ist der **Gruppenraum** der Kinder. Die Räumlichkeiten in einer Kita sind generell ein wesentlicher Bestandteil für gelingende Bildungsprozesse. Um die intrinsische Motivation zu fördern und zu fordern, sind die Räume so zu gestalten, dass die Kinder eingeladen werden, ihrer Entdeckerfreude nachzugehen, zu experimentieren und zu forschen. Deshalb ist es sinnvoll, die eigenen **Räumlichkeiten** einmal genau zu überprüfen, insbesondere unter dem Aspekt: Was brauchen wir, wenn Personalmangel herrscht?

- Wie sind unsere Räumlichkeiten strukturiert?
- Können die Kinder ohne fremde Hilfe aktiv werden?
- Können sich die Kinder frei bewegen?

- Welche Materialien laden dazu ein, in einen Spielprozess zu kommen?

- Wie werden diese Materialien präsentiert? Sind sie leicht zugänglich?
- Was konnten wir bei den Kindern in den letzten Wochen beobachten?

Die Praxis zeigt: Weniger ist mehr! Kinder brauchen kein riesiges Angebot an Spielmaterialien. Ausschlaggebend sind vielmehr die **Qualität und Vielfalt der Materialien** sowie ihre Relevanz in Bezug auf das aktuelle Interesse der Kinder. Wie funktioniert die Schwerkraft? Was passiert, wenn ich Farben miteinander mische? Was ist Magnetismus? All das sind Erfahrungen, die den Kindern **ohne viel Aufwand** eröffnet werden können. Materialien lassen sich austauschen und rotierend anbieten, sodass sie die **Lernfreude** immer wieder neu wecken.

[20] vgl. Wedewardt/Cantzler, 2022, S. 150–151

Kinder wollen ihre Lebensumwelt selbst aktiv gestalten. Sie wollen alles entdecken und Spuren hinterlassen. Sie wollen sich bewegen und ausprobieren. Diesem **Drang nach Freiheit** dürfen wir in der pädagogischen Praxis Raum geben. Die zentrale Frage, mit der wir uns in unserem Arbeitsalltag auseinandersetzen sollten, lautet also:

- Was brauchen Kinder wirklich?

Bei Personalmangel kann es entschleunigend wirken, wenn wir den Kindern mehr Raum für das eigene kreative Spiel schenken und Fachkräfte sich zunehmend aus dem kindlichen Spiel zurückziehen. Um ihr Umfeld frei zu erkunden und ins Spiel zu kommen, brauchen Kinder ausreichend Sicherheit und Geborgenheit. Grundsätzlich gilt: **Bindung vor Bildung!** Solange ein Kind sich unsicher fühlt, ist es ihm nicht möglich, in den Explorationsprozess zu kommen. Es benötigt dann Sicherheit, Nähe und Verbindung. Ist dies gegeben, beginnt das Kind, seine Umwelt zu erkunden und frei zu spielen.[21]

Besonderheiten im U3-Bereich

Immer wieder wird Kritik an der U3-Betreuung laut. Vor allem wenn wir keine Möglichkeit haben, in der Kita **verlässlich** Personal zur Verfügung zu stellen, müssen wir überlegen, wie mit dieser Herausforderung umzugehen ist. U3-Kinder brauchen nicht nur Verlässlichkeit und Beziehung, sondern Bezugspersonen, die auf ihre Bedürfnisse eingehen können, die sie lesen, verstehen und direkt reagieren können. Die Entwicklungsspanne einer U3-Gruppe ist immens, sodass Fachkräfte flexibel und individuell reagieren müssen.

Bindung, Nähe und Sicherheit sind für U3-Kinder besonders wichtig. Fehlen diese Aspekte immer wieder und/oder sind sie gar nicht vorhanden, ist es für ein Kleinkind schwierig, in Lernprozesse zu kommen und seine Lebenswelt mit Freude zu erkunden. Unter Umständen erleidet das Kind eine **emotionale Not**, die wir nicht unbedingt auf den ersten Blick erfassen können. Kinder brauchen sensible Fachkräfte, die über eine gute Beobachtungsgabe verfügen und die Bedürfnisse der Jüngsten gut lesen, verstehen und darauf eingehen können.[22]

Je jünger die Kinder sind, desto mehr brauchen sie Menschen, die sie in ihren Gefühlen unterstützen, ihnen Halt bieten und sie begleiten. Ist ein Kind beispielsweise traurig, braucht es Trost. Erfährt das Kind in diesem Moment keinen Trost, also keine Beziehung, wird es **emotionalem Stress** ausgesetzt, der eigentlich vermeidbar wäre. Studien zeigen,

[21] vgl. Wedewardt/Hohmann, 2022, S. 21
[22] vgl. Wedewardt/Hohmann, 2021, S. 20

dass Krippenkinder einen dauerhaft **erhöhten Kortisolspiegel** aufweisen. Das hat mehrere Gründe, z. B. dass ihre Gefühle und Bedürfnisse unbeantwortet bleiben, weil Personal fehlt oder keine verlässliche Beziehungsperson vorhanden ist. Dauerhafter Stress hat negative und nachhaltige Auswirkungen auf die mentale Gesundheit und das Wohlbefinden der Kinder.[23]

Verlässliche Begleitung

Werden Kinder nicht in ihren Gefühlslagen begleitet, also co-reguliert, geraten sie in Stress und erlernen keinen konstruktiven Umgang mit ihren Gefühlen. Wie können wir also auch bei Personalmangel sichere Bindung und eine stabile Co-Regulation, gerade im kleinkindlichen Bereich, ermöglichen? In all ihren Überlegungen müssen sich Fachkräfte ihrer großen Verantwortung für die frühkindliche Entwicklung bewusst sein.

- Wie schaffen wir eine beziehungsvolle Atmosphäre?
- Haben wir die Möglichkeit, verlässliche Bezugspersonen anzubieten?
- Wie kann es uns gelingen, den Kindern eine verlässliche Beziehung zu gewährleisten?
- Welche Gegebenheiten brauchen wir, um die U3-Betreuung für beide Seiten (Kinder und Fachkräfte) gut und sicher zu gestalten?

Kinder können eine Beziehung zu mehreren Menschen aufbauen.[24] Bei **Abwesenheit der Bezugsperson** eines Kindes kann es also durchaus sein, dass das Kind die Nähe zu einer anderen Fachkraft sucht. Davon sollte jedoch nicht pauschal ausgegangen werden. Aufgabe der Kita ist es, **Transparenz gegenüber den Eltern** zu schaffen, um eine mögliche Überforderung und somit Stressreaktionen des Kindes zu vermeiden. Sollte die Bezugsperson eines Kindes tatsächlich arbeitsunfähig sein, gibt es vielleicht die Möglichkeit, das Kind in einer anderen Gruppe aufzufangen. Diese Option sollte jedoch nur dann zur Verfügung gestellt werden, wenn das Kind die andere Gruppe oder deren Fachkräfte ausreichend gut kennt und sich sicher fühlen kann.

[23] vgl. Wedewardt, 2023, S. 9–10
[24] vgl. Michaelis, 2012, S. 43

Ü3-Kinder im Alltag einbeziehen

Vom Kindergartenalter bis zum Schuleintritt machen Kinder große Entwicklungssprünge in ihrer **kognitiven und emotionalen Reife**. Eine enge Begleitung benötigen sie immer noch, jedoch nicht mehr in dem Umfang wie Krippenkinder. Kinder im Ü3-Bereich sind **selbstständiger** und können bereits etwas komplexere Aufträge selbsttätig übernehmen. Sie in den Alltag einzubinden, hat vielerlei Vorteile und ist in Form von **Partizipation** ein wesentlicher Baustein einrichtungsbezogener Konzeptionen. Beispielsweise können die Kinder helfen, Tische zu decken und abzuräumen. Sie waschen ihre Hände, ziehen sich überwiegend selbstständig an und aus oder putzen ihre Zähne. In der Regel sind Kinder sehr daran interessiert, ihre Autonomie zu entdecken und ihren Alltag selbst zu gestalten.

- Wie gelingt uns gelebte Partizipation unter Personalmangel?
- Können die Kinder frei wählen, in welchen Bereichen sie aktiv werden wollen?
- Wie können wir das ermöglichen?
- Worin besteht aktuell das Interesse der Kinder?
- Was können sie selbstständig erledigen?
- Wie können wir unseren Alltag danach ausrichten, ohne in Stress zu geraten?
- Was hindert uns daran, Kinder selbstständig agieren zu lassen?
- Was können wir den Kindern zutrauen?
- Worin brauchen sie noch Unterstützung?
- Wie können wir ihnen das unter personeller Unterbesetzung ermöglichen?

Es ist wunderschön, Kinder einfach bei ihrem Spiel zu beobachten, kleine Impulse zu setzen und gemeinsam die Fragen des Lebens zu beantworten. Kinder leben im Hier und Jetzt. Sie bereiten sich nicht auf die Schule oder einen wichtigen Job in 20 Jahren vor. Sie sind ganz in diesem Moment. Diese Fähigkeit dürfen wir Erwachsenen wieder entdecken – das entschleunigt, entlastet und ist eine gute Übung für mehr Achtsamkeit im Alltag!

Die Ankommensphase

Auch die **Eingewöhnungsprozesse** in der Kita müssen unter Personalunterbesetzung bedacht werden. Wenn es keine feste Ansprechperson für die Familien gibt, ist es schwieriger für sie, im Kita-Alltag anzukommen. Hilfreich ist es, die Familien bereits **ab Vertragsunterzeichnung** auf das Ankommen in der Kita vorzubereiten. Je nach Kapazitäten könntet ihr z. B. einen wöchentlichen Spielkreis für neue Familien anbieten. Hier können

niedrigschwellig verschiedene Aspekte des Kita-Alltags angesprochen werden. Der Grundstein für eine **gelingende Bildungskooperation** beginnt tatsächlich sogar schon viel früher, z. B. am Tag der offenen Tür oder auf Festen im Haus – spätestens jedoch ab Vertragsunterzeichnung.

Falls absehbar ist, dass ab dem neuen Kita-Jahr **keine verlässlichen Bindungspersonen** in der Kita vorhanden sein werden, sollten keine Neuaufnahmen geplant werden. Das würde den Kindern keinesfalls gerecht werden und ihr Wohl unter Umständen gefährden. Auch die Eltern können in diesem Fall ihren Alltag nicht verlässlich planen und ihrer Erwerbstätigkeit nicht zuverlässig nachkommen.

Sollte geplant sein, **neue Fachkräfte einzustellen**, so ist zu überlegen, die Familien schon vorab gemeinsam mit ihren Kindern in den für sie neuen **Räumlichkeiten** ankommen zu lassen. Indem sie das Umfeld gemeinsam entdecken, erhalten die Familien einen ersten Überblick, eine Orientierung und Sicherheit – auch ohne Personal. Sie lernen die anderen Familien kennen, die Kinder leben sich in ihrer **Peergroup** ein. Sobald die neuen Fachkräfte im Haus sind, kommen diese dazu. Dass die Kinder die Räumlichkeiten und die anderen einzugewöhnenden Kinder dann bereits kennen, kann Vorteile für den Ankommensprozess haben.[25] Um diese Möglichkeit auszuschöpfen, braucht es gute Planung und Struktur sowie eine gute Einarbeitung der Mitarbeitenden.

- Können wir Familien ein Ankommen ohne feste Ansprechperson (Gruppenerzieher*innen) in unserer Kita ermöglichen?
- Was brauchen die Eltern dafür?
- Was brauchen wir als Kita, um Eltern in den Räumlichkeiten begrüßen zu können?

Vertraute Bezugspersonen

Kinder brauchen eine liebevolle und verlässliche Bezugsperson, um im Kita-Alltag anzukommen. Wenn es in der Einrichtung kein Personal gibt, das den Ankommensprozess sicher unterstützen kann, ist es schwierig, den Bedürfnissen der Kinder gerecht zu werden.[26]

[25] vgl. Cantzler, 2022
[26] vgl. Kasten, 2013, S. 151

Die zweijährige Mia sitzt am Frühstückstisch. Ihre Mutter hat sie dort hingesetzt, die Brotdose geöffnet und das Frühstück auf Mias Teller gelegt. Sie gießt ihr etwas Tee in die Tasse und verabschiedet sich. Mia ist erst seit drei Wochen in der Kita. Sie befindet sich also noch in der Ankommensphase. Leider ist Mias Bezugserzieherin heute nicht da. Mia sitzt am Tisch und beobachtet die anderen Kinder. Immer wieder richtet sie ihren Blick auf ihr Frühstück. Sie weint leise. Kaum jemand bekommt es mit. Ein Erzieher, der gerade am Frühstückstisch vorbeigeht, sieht, dass Mia weint, und spricht sie an: „Möchtest du auf meinen Arm kommen?" Mia schüttelt den Kopf. „Okay, versuch doch mal, in dein Brot zu beißen." Mia schüttelt wieder den Kopf.

Mia ist nicht in der Lage, zu frühstücken. Da ihr **Bedürfnis nach Sicherheit** nicht erfüllt ist, kann sie sich nicht auf die Frühstückssituation einlassen. Mit ihrer Bezugserzieherin frühstückt sie gern. Doch weil diese heute nicht im Haus ist, fällt es Mia schwer. An diesem Beispiel wird deutlich, wie wichtig es ist, sich in die **Lage der Kinder** zu versetzen. Besonders in der Eingewöhnungsphase ist gut zu überlegen, wie sie unterstützt werden können. Vielleicht ist es möglich, dass die Begleitperson des Kindes noch etwas länger in der Gruppe bleiben darf, um das Kind und die Fachkräfte zu unterstützen. In jedem Fall sollten die **Eltern darüber informiert** werden, dass die Bezugserzieherin fehlt und welche Konsequenzen das haben kann. Vielleicht kann Mia ein paar Tage Pause einlegen?

Alle im Boot

Das Beziehungsdreieck „Eltern – Kinder – Fachkräfte" spielt während der gesamten Kita-Zeit, insbesondere in der Ankommensphase, eine elementare Rolle.[27] Daraus ergibt sich eine gelingende Bildungskooperation. Das Kind steht dabei immer im Mittelpunkt.

[27] vgl. Wedewardt, 2023, S. 19–20

5.

Aus der Praxis für die Praxis – zwei Beispiele aus Kitas

© maradaisy – Shutterstock.com

Das 10-Stufen-Modell kann sehr individuell ausgestaltet werden. Jede Kita hat andere Bedingungen. Je nach Bundesland, Konzept und personellen Ressourcen sind die einzelnen Stufen individuell anzupassen. **Ausgewählte Beispiele aus der Praxis** findest du im Folgenden. Sie sollen eine Übersicht darüber geben, wie unterschiedlich das Stufen-Modell in der Praxis angewendet wird.

Individuelle Konzepte

Jede Kita ist ihr eigenes Universum. Das bedeutet, jede Kita muss einen einrichtungsbezogenen Fahrplan für den Umgang mit Personalausfall entwickeln. Die Bundesländer haben verschiedene Vorgaben. Ziel sollte immer sein, das Wohl des Kindes zu schützen.

Kita Sonnenschein

Einrichtung: zweigruppige Kita, eine Kita-Gruppe/eine Krippen-Gruppe, 35 Kinder, Öffnungszeiten 7.30 – 14.30 Uhr, teiloffenes Konzept

Stellenplan: elf Mitarbeitende, zwei pädagogische Fachkräfte plus Praktikant*in (Ü3), zwei pädagogische Fachkräfte plus Auszubildende (U3), eine teilfreigestellte Kita-Leitung, eine nicht freigestellte stellvertretende Leitung, eine Köchin, eine Kita-Helferin, eine Honorarkraft

Stufe	Maßnahmen	To-do	Verantwortlich
1 (1 P. fehlt) **Normalbetrieb**	Normalbetrieb; Ausflüge und gruppenübergreifende Angebote werden ggf. eingeschränkt.	➡ Aushang für die Eltern (inkl. Personalampel)	alle im Team (interne Regelungen)
2 (2 P. fehlen) **Dienstpläne anpassen**	Die Kolleg*innen vertreten sich, wenn möglich, gegenseitig im Dienstplan: Bianca ⇔ Alma Markus ⇔ Mariam Mischa ⇔ Eslem Die Pausen werden durch die Kita-Leitung abgedeckt.	➡ Absprache mit den Kolleg*innen: Früh- und Spätdienste anpassen ➡ Aushang für die Eltern ➡ Personalampel aktualisieren	Frühdienst

Je nach Konstellation von anwesenden Fach- und Hilfskräften ist die Aufsichtspflicht gegeben oder nicht. Deshalb werden in den Beispielen nicht nur Fachkräfte, sondern Personen (P.) berücksichtigt.

3 (3 P. fehlen) **Springer*innen organisieren**	Der Betrieb wird vorerst gesichert. Strukturen werden entsprechend angepasst. Die Kita-Leitung springt mit ein.	➡ Springer*innen anrufen bzw. Absprache mit anderen Kitas ➡ Elterninfo: Einsatz von Springer*innen ➡ Personalampel aktualisieren	Leitung, alle im Team (interne Regelungen)
4 (3–4 P. fehlen) **Randzeiten abdecken**	Die Kolleg*innen verlängern bzw. verschieben ihre Arbeitszeiten. Dabei werden Überstunden im Blick behalten, Ausgleiche geschaffen und Pausenzeiten bedacht.	➡ Absprache im Team ➡ Elterninfo: Randzeiten-Besetzung ➡ Personalampel aktualisieren	Frühdienst
5 (4 P. fehlen) **Gruppen zusammenlegen**	Je nach personeller Lage werden die Gruppen zusammengelegt. Eventuell werden einzelne Eltern angesprochen, ob eine Betreuung zu Hause möglich wäre.	➡ Elterninfo über App, Personalampel und Aushang	Leitung (interne Regelungen)
6 (4–5 P. fehlen) **Stunden reduzieren**	Die Kinder können die Kita nur eingeschränkt besuchen.	➡ Elterninfo über App, Personalampel und Aushang	Leitung und Träger
7 (4–5 P. fehlen dauerhaft) **Öffnungszeiten anpassen**	Öffnungszeiten müssen zugunsten von Vorbereitungszeiten/Teamsitzungen angepasst werden.	➡ Elterninfo über App, Personalampel und Aushang	Leitung und Träger
8 (6 P. fehlen) **Gruppen schließen**	Eine Gruppe wird geschlossen. Die Kinder, die einen Anspruch auf Betreuung haben, werden in einer Gruppe zusammengelegt.	➡ Elterninfo über App, Personalampel und Aushang	Leitung und Träger
9 (2 P. sind noch im Haus) **Notbetreuung**	Eine Gruppe wird geschlossen. Kinder, die besonders dringend einen Betreuungsplatz benötigen, werden in einer Notbetreuungsgruppe zusammengelegt.	➡ Absprache mit dem Elternbeirat ➡ Elterninfo über App, Personalampel und Aushang	Leitung und Träger
10 (1 P. ist noch im Haus) **Kita-Schließung**	Es ist keine Betreuung mehr möglich. Bei dringendem Bedarf wird Rücksprache mit einer anderen Kita gehalten.	➡ Elterninfo über App, Personalampel und Aushang	Leitung und Träger

Die „Kita Sonnenschein" hat folgende Regeln für sich ausgearbeitet:

- Niemand arbeitet allein, es ist immer eine weitere Person zumindest in Rufnähe. Wenn das nicht möglich ist, werden Gruppen zusammengelegt.
- Der Betrieb wird eingeschränkt, wenn in der U3-Gruppe kein Personal vorhanden ist, das den Kindern bekannt und vertraut ist.
- Die Eltern haben intern nach eigenen Kriterien geregelt, welchen Familien im Notfall eine Betreuung „zusteht".
- Ist ein länger andauernder Personalmangel absehbar, greift ein rotierendes System, somit wird jedem Kind eine Betreuung ermöglicht.
- Es gibt eine selbst erstellte Personalampel, die täglich aktualisiert und gut sichtbar im Eingangsbereich ausgehängt wird.

So hat die „Kita Sonnenschein" ihr Notfallkonzept erstellt:

In einem **Planungstag** hat das Kita-Team zunächst das Thema „Umgang mit Personalausfall" genau beleuchtet. Alle Mitarbeitenden haben sich Zeit zur Reflexion genommen und einen Kriterienkatalog entwickelt:

- Was ist uns wichtig, wenn Personal ausfällt?
- Welche Struktur soll bestehen bleiben? Welche Struktur ist veränderbar?
- Was darf sich verändern? Was darf sich nicht verändern?
- Wie werden Eltern informiert? Wann werden Eltern informiert?

Nach dem pädagogischen Planungstag brauchte die Kita **mehrere Teamsitzungen**, um eine Personalampel auszuarbeiten und das 10-Stufen-Modell so anzupassen, dass ein eigenes Notfallkonzept daraus entsteht, das auch nach außen getragen werden kann. Der Träger wurde informiert und hat das Notfallkonzept abgesegnet.

Die Eltern wurden zu einem **Informationsabend** eingeladen, im Rahmen dessen das Notfallkonzept erstmals vorgestellt wurde. Bereits im Vorfeld wurden die Eltern per App über die Pläne der Kita informiert. Nach der Informationsveranstaltung waren die Eltern eingeladen, mitzudiskutieren und all ihre Fragen, Sorgen, Nöte und Ängste zu formulieren. Die Fachkräfte sind auf alle **Rückmeldungen** eingegangen, haben offene Fragen beantwortet und Unklarheiten geklärt.

Separat, also ohne Einblick der Kita, hat sich der **Elternbeirat** mit den Eltern darüber ausgetauscht, welche Kinder im Falle des Falles einen besonderen Anspruch auf eine Notbetreuung haben könnten. Das Ergebnis wurde an die Kita-Leitung weitergetragen. In einer Sitzung des Rates der Einrichtung (Elternvertretende, Kita-Leitung und Trägervertretende) wurde diesem dann mehrheitlich zugestimmt.

Dieses **Prozedere** wird **jedes Jahr wieder** stattfinden, da sich die Familien, die Kinder, das Kollegium und insgesamt die Anforderungen der Kita stetig verändern.

Kita Mondschein

Einrichtung: fünfgruppige Kita, drei Kita-Gruppen/zwei Krippen-Gruppen, 101 Kinder, Öffnungszeiten 7.00 – 17.00 Uhr, geschlossenes Konzept

Stellenplan: 18 Mitarbeitende, jeweils zwei pädagogische Fachkräfte plus Praktikant*in (Ü3), jeweils zwei pädagogische Fachkräfte (U3), eine freigestellte Kita-Leitung, eine teilfreigestellte stellvertretende Leitung, eine Köchin, eine Hauswirtschaftskraft, eine Alltagshelferin

Stufe	Maßnahmen	To-do	Verantwortlich
1 (1 P. fehlt) **Normalbetrieb**	Normalbetrieb; ausgefallene Dienste werden durch Mehrarbeit der Gruppenmitglieder ausgeglichen.	➡ interne Mitteilung an der Gruppentür (Bilderrahmen anwesender Fachkräfte sind aufgedeckt)	alle im Team (interne Regelungen)
2 (3–4 P. fehlen) **Strukturen verändern**	Ausflüge und gruppenübergreifende Angebote werden eingeschränkt.	➡ Aushang für die Eltern ➡ Info an der Gruppentür	Leitung und Stellvertretung
3 (4–5 P. fehlen) **Dienstpläne anpassen**	Die Kolleg*innen vertreten sich, wenn möglich, gegenseitig im Dienstplan: grüne ⬌ rote Gruppe gelbe ⬌ blaue Gruppe Stellvertretung ⬌ lila Gruppe Die Gruppen vertreten sich außerdem in Pausen- und Randzeiten.	➡ Absprache mit den Kolleg*innen: Früh- und Spätdienste entsprechend anpassen ➡ Elterninfo über App	Leitung, alle im Team (interne Regelung)

Je nach Konstellation von anwesenden Fach- und Hilfskräften ist die Aufsichtspflicht gegeben oder nicht. Deshalb werden in den Beispielen nicht nur Fachkräfte, sondern Personen (P.) berücksichtigt.

4 (5–7 P. fehlen) **Springer*innen organisieren**	Der Betrieb wird vorerst gesichert. Strukturen werden entsprechend angepasst. Randzeiten werden entsprechend gewährleistet.	➡ Springer*innen anrufen bzw. Rücksprache mit anderen Kitas ➡ Elterninfo: Einsatz von Springer*innen	Leitung und Stellvertretung
5 (7–10 P. fehlen) **Gruppen zusammenlegen**	Je nach personeller Lage und je nachdem, welche Gruppen und wie viele Fachkräfte aus einer Gruppe betroffen sind: Gruppen werden zusammengelegt. Eventuell werden einzelne Eltern angesprochen, ob eine Betreuung zu Hause möglich wäre.	➡ Elterninfo über App ➡ zusätzlich: Aushang an der Gruppentür, in welcher Gruppe die Kinder zu finden sind	Leitung (interne Regelungen)
6 (10–12 P. fehlen) **Stunden reduzieren**	Die Kinder können die Kita nur eingeschränkt besuchen.	➡ Elterninfo über App ➡ zusätzlich: Aushang an der Eingangstür	Leitung und Träger
7 (12–13 P. fehlen dauerhaft) **Öffnungszeiten anpassen**	Öffnungszeiten müssen zugunsten von Vorbereitungszeiten, Teamsitzungen und Überstundenabbau angepasst werden.	➡ Elterninfo über App ➡ zusätzlich: Aushang an der Eingangstür	Leitung und Träger
8 (13–14 P. fehlen) **Gruppen schließen**	Gruppen werden geschlossen, die Kinder, die einen Anspruch auf Betreuung haben, werden zusammengelegt.	➡ Elterninfo über App ➡ zusätzlich: Aushang an der Eingangstür	Leitung und Träger
9 (15 P. fehlen) **Notbetreuung**	Gruppen werden geschlossen, Kinder, die besonders dringend einen Betreuungsplatz benötigen, werden in einer Notbetreuungsgruppe zusammengelegt.	➡ Absprache mit Elternbeirat und Trägervertretenden ➡ Elterninfo über App ➡ zusätzlich: Aushang an der Eingangstür	Leitung und Träger
10 (1 P. ist noch im Haus) **Kita-Schließung**	Es ist keine Betreuung mehr möglich. Bei dringendem Bedarf wird Rücksprache mit einer anderen Kita gehalten.	➡ Elterninfo über App und Personalampel ➡ zusätzlich: Aushang an der Eingangstür	Leitung und Träger

Die „Kita Mondschein" hat folgende Regeln für sich ausgearbeitet:

- Die Mitarbeitenden unterstützen sich gegenseitig, wo sie können.
- Es gibt einen festen Vertretungspool innerhalb der Kita:
  - ➡ Die jeweiligen Gruppen schließen sich in Randzeiten zusammen.
  - ➡ Sie lösen sich bei Vorbereitungs- und Pausenzeiten gegenseitig ab.
- Fällt die Köchin aus, wird über einen anderen Dienstanbieter Essen geliefert.
- Fällt die Hauswirtschaftskraft aus, gibt es einen Plan, der die anfallenden Aufgaben im rotierenden System regelt.
- Die Alltagshelferin unterstützt beim Zähneputzen, An- und Ausziehen, Tischdecken, Fegen und anderen hauswirtschaftlichen Tätigkeiten.
- Früh- und Spätdienste werden von jeweils einer Fachkraft aus der Gruppe übernommen:
  - ➡ Die Gruppen werden zusammengelegt, sodass z. B. die anwesenden Fachkräfte der grünen und der gelben Gruppe morgens die Kinder in einer gemeinsamen Gruppe auffangen.
  - ➡ Sobald eine zweite Fachkraft einer Gruppe dazukommt, werden die Kinder wieder ihrer ursprünglichen Gruppe zugeteilt.
- Die Abdeckung der Randzeiten wird hier nicht als eigene Stufe erwähnt, da die Kolleg*innen die Kinder auch bei Normalbetrieb in Randzeiten zusammenlegen.
- Fortbildungen finden statt, auch wenn Fachkräfte fehlen.

So hat die „Kita Mondschein" ihr Notfallkonzept erstellt:

Die „Kita Mondschein" hat ihr Notfallkonzept im Rahmen von **drei pädagogischen Planungstagen** erstellt. Dabei haben sich die Fachkräfte mit ihren Werten und Haltungen auseinandergesetzt und überlegt, was sie im pädagogischen Betrieb sicher gewährleisten können.

In einem nächsten Schritt wurden die Eltern zu einem **Elternabend** eingeladen. Hier haben die Fachkräfte den Eltern anhand eines Mobiles sehr plakativ die personelle Situation aufgezeigt. So wurden die verschiedenen Stufen des Notfallkonzeptes durchgespielt, um den Eltern transparent zu machen, wie sich die Fachkräfte strukturieren können bzw. müssen, wenn Personal ausfällt. In Stufe 4 wurden beispielsweise fünf Personen aus dem Mobile entnommen, um deutlich zu machen, dass bei Personalausfall das ganze System aus der Balance geraten kann und alles neu zu strukturieren ist.

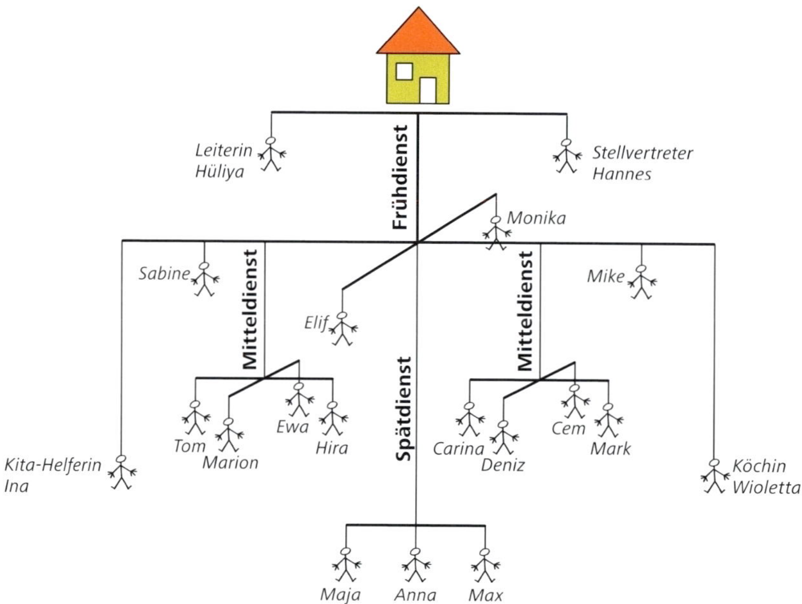

Anschließend wurden die Eltern zu einem Dialog eingeladen, um **mitzubestimmen**, welche Kinder im Fall der Fälle „zuerst" einen Anspruch auf eine Notbetreuung haben. In diesem Diskurs wurde bereits ersichtlich, dass die Eltern einen sehr umfassenden Blick für alle **Besonderheiten der Familien** hatten und nicht pauschal geantwortet haben: „Wir arbeiten, also brauchen wir die Betreuung." Die Eltern haben auf Elternebene entschieden. Der **Elternbeirat** hat diese Entscheidung gemeinsam mit dem **Rat der Einrichtung** (Trägervertretung, Kita-Leitung und Elternratsvorsitz) beschlossen.

Raum für Flexibilität

Eine klare gemeinsame Haltung verschafft Orientierung und Sicherheit und die Möglichkeit, trotz Kita-Notfallkonzept noch flexibel auf die Gegebenheiten zu reagieren.

- Wie können wir flexibel bleiben?
- Wie können wir uns gut strukturieren?
- Welche Abläufe sind uns wichtig?
- Wie können wir uns gegenseitig unterstützen?
- Was brauchen wir, wenn Kolleg*innen ausfallen?
- Wie können wir uns den Arbeitsalltag erleichtern?

6.

Mut zur Veränderung – bestärkende Worte zum Abschluss

© eamesBot – Shutterstock.com

Gemeinsam Veränderungen bewirken!

Jede Kita darf und soll **eigene Rahmenbedingungen** für sich aufstellen. Dazu brauchst du in erster Linie Mut. Den Mut, Fragen zu stellen, und den Mut, Fragen zu erlauben. Nicht auf jede Frage findest du eine Antwort. Es braucht **Offenheit**. Eine Neugier auf Veränderungen und Prozesse und das, was sie für jede einzelne Person bereithalten könnten. Du brauchst **Geduld**. Nichts verändert sich von heute auf morgen. Du brauchst einen **Plan**, der flexibel genug ist, um sich immer wieder an die Veränderungen anzupassen. Wenn du auf einem stabilen Fundament bauen möchtest und die Rahmenbedingungen in deiner Kita verändern willst, helfen dir die hier im Buch beschriebenen Bausteine. Du kannst sie zu jedem beliebigen Thema nutzen, wenn es darum geht, Konzepte zu erstellen und neue Aspekte in die eigene pädagogische Arbeit zu bringen!

Worauf willst du warten? Warten auf den Feierabend. Warten auf das Wochenende. Warten auf den Urlaub. Wir warten zu lange, dabei wartet niemand gern an der Haltestelle, im Stau oder im Supermarkt. Komm ins Handeln. Um gute Rahmenbedingungen umzusetzen, brauchst du nicht zu warten. Du kannst direkt erste Schritte gehen. Jetzt, hier, heute – mit diesem Buch!

Deine pädagogische Haltung, dein Blick auf das Kind, deine biografische Selbstreflexion sind entscheidend, um Veränderungen anzustoßen. **Du bist die Veränderung** und kannst etwas bewirken, indem du Haltung zeigst. Indem du eine Haltung entwickelst. Zum Wohl der Kinder und zum Wohl deiner Gesundheit. Du bist es wert. **Sei es dir wert**, deine eigenen Grenzen kennenzulernen und zu halten. Deine Gesundheit ist wichtig, du bist wichtig.

Suche dir Verbündete. Vernetze dich. Gemeinsam sind wir Fachkräfte in der Lage, auf die aktuellen Rahmenbedingungen aufmerksam zu machen. Wenn wir sie im Kleinen, für die eigene Kita verändern können, dann können wir auch im Großen eine Veränderung bewirken. Fachkräfte und Eltern sollten an einem Strang ziehen. Du hast es in den (sozialen) Medien bestimmt immer wieder gehört: **Kinder haben keine Lobby.** Sie brauchen Eltern, sie brauchen Fachkräfte, die sich für ihre Kinderseele einsetzen. Verbinde dich dazu mit anderen Menschen.

Gestalte dein Universum.

Häufig gestellte Fragen

Was brauche ich? Wie setze ich es um? Worauf muss ich besonders achten? An dieser Stelle findest du häufig gestellte Fragen zum Thema „Notfallkonzepte in Kitas". Hier kannst du schnell nachlesen, wenn du in Kürze einen kleinen Impuls für deinen Kita-Alltag brauchst.

Ab wann ist es zu wenig Personal in der Kita?

Diese Frage ist nicht pauschal zu beantworten. Zunächst ist zu prüfen, welche Vorgaben das **Bundesland** macht. Dann folgt eine **Auseinandersetzung im Team**: Wann ist es für uns zu wenig Personal? Wann können wir keine **verlässliche, sichere Betreuung** der Kinder mehr anbieten? Das, was ihr im Team für euch bestimmt, ist ausschlaggebend für eure Praxis – nichts anderes! Ihr seid jeden Tag vor Ort und kennt den Alltag in eurem Haus am besten. Ihr seid die Expert*innen. Diese Haltung ist sehr wichtig, um das eigene Konzept zum Tragen zu bringen.

Wie überzeuge ich meine*n Vorgesetzte*n, ein Notfallkonzept zu erstellen?

Suche das Gespräch und versuche, die **Vorteile** ersichtlich zu machen und darüber in den **Austausch** zu treten. Vielleicht gibt es persönliche **Bedenken**, Befürchtungen oder auch Ängste. Es ist wichtig, diese nicht zu ignorieren, sondern einen gemeinsamen Konsens zu finden.

Wie motiviere ich mein Team, eine gemeinsame Haltung zu entwickeln?

Erstelle **Schritt für Schritt** gemeinsam mit deinem Team ein Kita-Notfallkonzept. Indem du deine Mitarbeitenden abholst – mit all ihren **Sorgen und Nöten**, mit den gegebenen Herausforderungen –, kannst du sie motivieren. Eine gemeinsame Haltung zu entwickeln, ist das A und O für die erfolgreiche Umsetzung eines Notfallkonzeptes. Mit Zeit, Geduld und **Teamübungen** ist das möglich.

Wann informiere ich die Eltern?

Informiere die Eltern **sofort**, wenn eine Fachkraft in der jeweiligen Gruppe fehlt. Du solltest nicht sagen, weshalb die Person fehlt. Das spielt in dem Moment keine Rolle und fällt unter den Datenschutz – es geht die Eltern schlicht nichts an.

Wann wende ich welche Schritte des Notfallkonzeptes an?

Das kommt darauf an, in welchem **Bundesland** du arbeitest und wie der **Personalschlüssel** aufgestellt ist. Wichtig ist, dass im Team eine klare und **einheitliche Haltung** gelebt wird.

Wer haftet, wenn ich dauerhaft allein in der Gruppe bin?

Es gibt verschiedene Aspekte zu beachten. Du haftest mit, wenn du **stillschweigend** hinnimmst, dass du dauerhaft allein in der Gruppe arbeitest. Du bist mitschuldig, wenn die Aufsichtspflicht infrage steht und/oder das Wohl der Kinder gefährdet ist.
Daher ist es empfehlenswert, zu **dokumentieren**, dass du bei deiner Führungskraft, der nächsthöheren Stelle, angesprochen hast, dass die anhaltende Situation für dich nicht in Ordnung ist. Dies solltest du nicht nur dokumentieren, sondern auch **gegenzeichnen lassen**. Wenn du das getan hast, keine Reaktion oder Änderung der Situation darauf erfolgte und dann die **Aufsichtspflicht** verletzt wurde, haftet die Kita-Leitung bzw. der Arbeitgeber.

Wie schaffe ich trotz der Herausforderungen ein angenehmes Teamklima?

In herausfordernden Zeiten ist es manchmal schwierig, ein positives Teamklima aufrechtzuerhalten. Hier kannst du fragen: **Was braucht ihr?** Was braucht jede*r Einzelne? Wie kann ich meine Mitarbeitenden abholen? Was kann ich ihnen Gutes tun? Wie können wir Pausen zum Durchatmen schaffen? Wie können wir uns gegenseitig unterstützen? Und vor allen Dingen auch: Wie schaffen wir ein angenehmes Teamklima und woran erkennen wir, dass wir das auch in herausfordernden Zeiten umsetzen können? Du bist nicht allein für eine angenehme Atmosphäre zuständig – jede*r Einzelne ist gefragt!

Wie schaffe ich es, Nein zu sagen, wenn von mir verlangt wird, allein zu arbeiten?

Nein zu sagen, fällt den meisten Menschen schwer. In einer Situation direkt und spontan zu reagieren, kann herausfordernd sein. Wenn du dann im Nachhinein zur Ruhe kommst, denkst du vielleicht: Warum habe ich nichts gesagt? Die gute Nachricht ist: Du kannst immer noch **für dich sorgen**. Wenn du über deine **eigenen Grenzen** gehst, wirst du unter Umständen arbeitsunfähig. Es kann einen langfristigen negativen Effekt auf deine Gesundheit haben. Stelle dich deshalb an die erste Stelle. **Sei dir selbst wichtig.** Und dann **übe es, Nein zu sagen**. Hierfür kannst du dir z. B. Formulierungen nach M. Rosenbergs Gewaltfreier Kommunikation überlegen. Wenn du etwas Zeit hast, um nachzudenken, dann schreibe dir auf, was du sagen möchtest. Warum sagst du Nein? Was fühlst du in dieser Situation? Was ist dir wichtig? Was erwartest du von deinem Gegenüber? Danach suche das Gespräch. Wahrscheinlich schnellt dein Puls in die Höhe, vielleicht empfindest du Angst. Das ist in Ordnung. Versuche, die Schwelle zu übertreten – dir zuliebe! Je öfter du für dich sorgst, desto leichter wird es dir fallen.

Ich habe ein schlechtes Gewissen, wenn ich mich arbeitsunfähig melde.

Überlege, woher das schlechte Gewissen kommt. **Warum** meldet es sich? Hat es mit deinen **eigenen Werten** zu tun? Oder sind die Werte anderer Personen involviert? Wenn du nicht in der Lage bist, deine Arbeit aufzunehmen, dann hat das einen Grund. Niemand außer dir selbst hat das Recht, das zu beurteilen. Hier kann sich das Kita-Team gegenseitig unterstützen, indem solche Dinge **miteinander besprochen** werden und ein gemeinsamer Umgang damit gefunden wird.

Das Gedankenkarussell dreht sich, sobald eine Arbeitsunfähigkeit eintritt – wie gelingt es mir, dem mit mehr Leichtigkeit zu begegnen?

Jede Arbeitsunfähigkeit bedeutet eine Anpassung, eine Veränderung im Kita-Alltag. Das ist nichts, was immer leicht gelingt. Frage dich: Wenn es schwer wird, wie kann ich es mir leicht machen? **Was kann mir helfen**, mehr Bewusstsein für die angespannte Situation zu schaffen? Was wünsche ich mir von mir selbst? Wie würde ich gern mit der Situation umgehen? Was würde mir helfen, mehr Leichtigkeit zu empfinden? **Was kann ich selbst verändern?** Und ganz wichtig: Woran erkenne ich, dass es mir leichter fällt? Spüre in dich hinein und werde dir über deine Mechanismen bewusst.

Wie oft sollte ich als Leitung in der Gruppe aushelfen?

Dazu ist ein **Austausch mit dem Träger** empfehlenswert. In der Praxis wird es unterschiedlich gehandhabt. Manche Kita-Leitungen sind auch von der Betreuungsarbeit freigestellt. Grundsätzlich ist eine gute Aufteilung und **Priorisierung der Leitungstätigkeit** hilfreich. Wichtige Dinge, die auf dem Bürotisch liegen, können unter Umständen nicht liegen bleiben. Hier empfiehlt sich **Transparenz** dem Team, der Elternschaft und dem Träger gegenüber. Im Zweifel solltest du dich kurzfristig mit dem Träger **abstimmen** und aufzeigen, was bei Vertretung in der Gruppe liegen bleibt und ob das im Sinne des Trägers ist. Auf Dauer ist es keine Lösung. Hier spielt deine eigene Haltung eine zentrale Rolle: Deine Arbeit ist wichtig. Du bist wichtig. **Sorge gut für dich!**

Was kann ich tun, wenn sich Eltern weigern, das Kita-Notfallkonzept anzunehmen?

In diesem Fall gilt es zunächst, zu hinterfragen, **welche Widerstände** es gibt. Der Versuch, eine **gemeinsame Lösung** zu finden, sollte immer im Vordergrund stehen. Wenn das nicht möglich ist, weil beide Seiten verhärtet sind und auch ein Gespräch mit einer dritten, unabhängigen Person keine Lösung erbringt, steht die Frage im Raum, inwiefern eine weitere Zusammenarbeit noch möglich ist. Die Empfehlung ist, das Kita-Notfallkonzept bereits vor und **bei Vertragsunterzeichnung** zu erwähnen und vorzustellen. Eltern unterschreiben die Rahmenbedingungen der Kita, das muss

ihnen bewusst gemacht werden. Verstoßen sie dagegen, kann eine **Kündigung des Kita-Platzes** die Folge sein.

Wie können wir Kinder trotz Personalausfall eingewöhnen?

Mithilfe der Eltern bzw. ihrer Bereitschaft, **mehr Zeit** für den Ankommensprozess einzuplanen, ist es möglich, auch bei Personalausfall neue Kinder aufzunehmen. Es kommt auf die örtlichen Gegebenheiten an und darauf, ob die Kita die Kapazität hat, weitere Familien in ihren Räumen aufzunehmen. Solange die Kinder **von ihren Eltern begleitet** werden können und dürfen, spricht nichts dagegen, die Eingewöhnung fortzusetzen. Kritisch wird es, wenn die Eltern die Kinder nicht mehr begleiten und unter Umständen eine Fachkraft allein mit der Gruppe arbeiten soll. Das ist nicht zu empfehlen und führt möglicherweise zu unnötigem Stress bei allen Beteiligten. **Kinder brauchen Orientierung und Sicherheit**. Ihre Bedürfnisse müssen beantwortet werden. Wenn das nicht möglich ist, weil Personal fehlt, sollten die Familien eine **alternative Möglichkeit** der Betreuung finden und die Eingewöhnungen zu einem späteren Zeitpunkt fortsetzen. **Transparenz** ist das A und O!

Wie schaffen wir es, eine klare Linie beim Träger umzusetzen?

Empfehlenswert ist ein **Austausch mit dem Träger** darüber, dass eine einheitliche Linie gewünscht wird. Das ist eine tolle Gelegenheit, z. B. in einer Leitungskonferenz gemeinsam mit dem Träger zu erarbeiten, was in einem Kita-Notfallkonzept zum Tragen kommen soll. So können schon vorab gemeinsam ein Grundstein gelegt und wichtige Aspekte des Notfallkonzeptes vereinbart werden. Letztendlich ist für die Umsetzung jede Kita selbst verantwortlich. Und nicht anders ist es möglich, denn: **Jede Kita ist ihr eigenes Universum.** Es ist wichtig, Konzepte einrichtungsbezogen zu denken und umzusetzen.

Der Träger verlangt, dass die Fachkräfte mit 45 Kindern zu zweit arbeiten – was können wir tun?

Du kannst die Situation dokumentieren und solltest dir das schriftlich bestätigen lassen. Sobald du die Fakten gemeldet hast, bist du erst einmal aus der Verantwortung. Bleibt der Träger dauerhaft uneinsichtig, während die Arbeitsbelastung zunehmend steigt, ist eine Meldung nach Arbeitsschutzgesetz ratsam. Ändert auch das nichts, muss dies ans Jugendamt gemeldet werden. Und unter dem Strich stellt sich die Frage: Will ich bei einem Träger beschäftigt sein, der die Bedürfnisse, die Herausforderungen, die Ängste der Mitarbeitenden nicht ernst nimmt und sehenden Auges das Wohl der Kinder gefährdet? Du trägst Verantwortung für dein Handeln, das sollte dir immer bewusst sein.

Quellen und Medientipps

Literatur

Cantzler, Anja:
Peergroup-Eingewöhnung.
Verlag an der Ruhr: Mülheim an der Ruhr, 2022.

Glover Tawwab, Nedra:
Grenzen machen uns frei. Ein Wegweiser sich selbst treu zu bleiben.
Übersetzt von Anja Schmidtke.
Kandern: Narayana, 2021.

Kasten, Hartmut:
0–3 Jahre. Entwicklungspsychologische Grundlagen.
4., überarbeitete Auflage. Cornelsen: Berlin, 2013.

Maywald, Jörg:
Kinderrechte und Kinderschutz. Kinderrechte als Fixstern in der Arbeit mit Kindern.
In: nifbe (Hrsg.): Hör auf damit! Zwischen verletzendem und achtsamem Verhalten in der KiTa. Herder: Freiburg im Breisgau, 2023, S. 31–45.

Maywald, Jörg:
Gewalt durch pädagogische Fachkräfte verhindern.
Herder: Freiburg im Breisgau, 2019.

Maywald, Jörg:
Kindeswohl in der Kita. Leitfaden für die pädagogische Praxis.
Herder: Freiburg im Breisgau, 2013.

Michaelis, Richard:
Die ersten 5 Jahre. Vom Baby zum Vorschulkind: Wie sich Ihr Kind entwickelt.
Trias: Stuttgart, 2012.

Renz-Polster, Herbert:
Menschenkinder. Artgerechte Erziehung – was unser Nachwuchs wirklich braucht.
3. Auflage. Kösel: München, 2016.

Renz-Polster, Herbert:
Die Kindheit ist unantastbar. Warum Eltern ihr Recht auf Erziehung zurückfordern müssen.
Beltz: Weinheim und Basel, 2014.

Sasse, Hergen:
Konflikte lösen. Schwierige Situationen im Kita-Alltag meistern.
Herder: Freiburg im Breisgau, 2023.

Wedewardt, Lea:
Ankommen dürfen statt loslassen müssen. Bedürfnisorientierte Eingewöhnung in Kita, Krippe und Kindertagespflege.
Herder: Freiburg im Breisgau, 2023.

Wedewardt, Lea; Cantzler, Anja:
Sich seiner selbst bewusst sein. Biografische Selbstreflexion.
Herder: Freiburg im Breisgau, 2022.

Wedewardt, Lea; Hohmann, Kathrin:
Kinder achtsam und bedürfnisorientiert begleiten in Krippe, Kita und Kindertagespflege.
Herder: Freiburg im Breisgau, 2022.

Internetquellen

Bayrisches Staatsministerium für Familie, Arbeit und Soziales (08.08.2023):
„Qualität bleibt gesichert – Lebensrealität der Kita-Leitungen wird auch in Gesetzen sichtbar!" – Familienministerin ermöglicht Trägern mehr Handlungsfreiheit
www.stmas.bayern.de/aktuelle-meldungen/pm2308-235.php
(letzter Zugriff: 14.04.2024)

Bertelsmann Stiftung (05.07.2022):
Mehr als 100.000 Fachkräfte fehlen für guten Ganztag für Grundschulkinder bis 2030
https://www.bertelsmann-stiftung.de/de/themen/aktuelle-meldungen/2022/juli/mehr-als-100000-fachkraefte-fehlen-fuer-guten-ganztag-fuer-grundschulkinder-bis-2030
(letzter Zugriff: 14.04.2024)

Bundesministerium für Familie, Senioren, Frauen und Jugend:
Gesetz zur Weiterentwicklung der Qualität und zur Teilhabe in der Kindertagesbetreuung
www.bmfsfj.de/resource/blob/133310/80763d0f167ce2687eb79118b8b1e721/gute-kita-bgbl-data.pdf
(letzter Zugriff: 14.04.2024)

Das Kita-Handbuch (aus: Kindergarten heute, 1998, 28, Heft 4, S. 32–36):
In jedem Fall verantwortlich? Zur Aufsichtspflicht in der Kita und im Kindergarten
www.kindergartenpaedagogik.de/fachartikel/recht/22
(letzter Zugriff: 14.04.2024)

Kitarechtler (01.10.2021):
Was hat der Betreuungsschlüssel mit der Aufsichtspflicht zu tun?
https://kitarechtler.de/2021/10/01/101kitafragen-was-hat-der-betreuungsschluessel-mit-der-aufsichtspflicht-zu-tun/
(letzter Zugriff: 14.04.2024)

Kitarechtler (02.09.2021):
Arbeitsschutz: Dauer des Elternabends, wenn um 7 Uhr wieder Arbeitsbeginn?
https://kitarechtler.de/2021/09/02/101kitafragen-dauer-des-elternabends-wenn-um-7-uhr-wieder-dienst/
(letzter Zugriff: 14.04.2024)

Landesregierung Nordrhein-Westfalen (13.04.2021):
Weiterqualifizierung für Kita-Helfer
www.land.nrw/pressemitteilung/weiterqualifizierung-fuer-kita-helfer
(letzter Zugriff: 14.04.2024)

Verband Bildung und Erziehung e. V. (09.02.2023):
Notstand an Kitas – Gesundheit von Kindern und Fachkräften schützen
www.vbe.de/presse/pressedienste/pressedienste-2023/notstand-an-kitas
(letzter Zugriff: 14.04.2024)

Verdi:
Gefährdungsanzeige
https://gesundheit-soziales-bildung-hamburg.verdi.de/themen/++co++3f03644c-6d73-11e9-a872-525400ff2b0e
(letzter Zugriff: 14.04.2024)

Weitere Links und Hilfen

Verbände:
Mittlerweile gibt es in nahezu jedem Bundesland einen Verband, der sich für Kitas einsetzt, z. B. den Verband für Kitafachkräfte NRW e. V.:
https://kitafachkraefteverband-nrw.de
(letzter Zugriff: 14.04.2024)

Sichere Kita:
Ideen und Wissenswertes rund um die „sichere Kita" stellt die Unfallkasse Nordrhein-Westfalen zur Verfügung:
https://www.sichere-kita.de
(letzter Zugriff: 14.04.2024)

Praktische Vordrucke:
Formulare für Kitas findest du z. B. beim Landschaftsverband Rheinland (für NRW):
www.lvr.de/de/nav_main/jugend_2/service_1/antraege__arbeitshilfen__rundschreiben__dokumentationen/antrgeformulare/kinder_und_familien/inhaltsseite_271.jsp
(letzter Zugriff: 14.04.2024)